云深不知处

南怀瑾先生辞世周年纪念

刘雨虹 编

上海书店出版社
SHANGHAI BOOKSTORE PUBLISHING HOUSE

编者的话

这本纪念集，共收录了廿七篇纪念文，来自北京、上海、台湾、香港以及美国、加拿大等地；作者有企业家，有学者，有医生，有教育家，也有艺术人、律师、公务员、自由业者和金融界人士。

作者之中，有与南师怀瑾先生相识四五十年者，也有与先生从未谋面者，观点感受各自不同，但所言皆引人入胜，感人至深。

这里要稍作说明的，有两篇文章，一篇的作者，与先生相识最久，超过半世纪；他的〈老师与父亲〉一文，记述了南师早年（一九五六年）在台湾，与杨管北先生的结识与交往。杨老幼读古典，学养深厚，且有识人之智，支持南师讲学与生活，二十年交情如一，直到一九七七年去世。

另外一篇颇为特别的，作者是美国人雷蒙，他是基辛格事务所的副总裁。二〇一二年的一月，他再次前来问学南师，并自带一封译好的中文信，列出问题向先生请教。

当晚编者尚在台北未回，忽然接到南师的电话，说："今天海英又带那个美国人雷蒙来了，他问的问题很有意思……"

　　中西文化背景不同，观察思考方向自然也不同。本集将这封信附在他的纪念文之后，并编入南师临时的简单回答，以飨读者。

　　金风送爽，又是一年秋来到，想起去年种种一切，怎不神伤。

　　　　今年元夜时　明月照依旧
　　　　不见去年人　泪湿青衫袖

　　　　　　　　　　　　　　　　刘雨虹
　　　　　　　　　　　　　　　　二〇一三年九月

目次

001 编者的话

学术教化

001 夏大慰　云深不知处

015 吴琼恩　问学三十载

036 赵海英　扫去历史文化千年尘封　再现传统智慧本地风光

044 薛仁明　南怀瑾的学问与修行

051 雷　蒙　南怀瑾：正确认识我们自己和我们的时代

072 朱迺欣　南老师与生命科学

077 林苍生　我从南老师学了些什么

089 李慈雄　南师的教化

105 佟克仑　南老师的启发

亦师亦友

110 陈定国　香江十年　怀师万千

131 袁　明　难忘太湖一杯茶

137 强文义　相识南怀瑾先生

156 杨　麟　老师与父亲

164 吴研雷　老师就是一部经

180 林德深　跟随南师的日子

192 李家振　明月映蓝天

因缘学习

200　彭嘉恒　　从学南师二十年

209　何　迪　　心随南师远行
　　　陈小鲁

221　广树诚　　平凡中的伟大

232　王　苗　　我给老师拍照片

241　登琨艳　　如果没有那一天晚上

252　潘建国　　一剑霜寒四十州

257　牟容瑢　　最珍贵的因缘

275　古　道　　怀念南师

281　弘　宗　　拄杖横挑风月去　　由来出入一身轻

288　方　放　　南怀瑾老师的几件小事

293　詹文魁　　无上因缘不思议

云深不知处

夏大慰
上海国家会计学院院长、教授

南怀瑾老师去年9月29日傍晚仙逝，尽管已过耄耋之年，但先生的逝去却仍是我万万没有想到的。

我算不上是先生正式的学生，却是默默神会的仰慕者。高山仰止，景行行止。

2003年秋天的一个傍晚，我们坐在长发花园的客厅聊天，先生侧身坐着，穿着玄色的长衫，手里夹着一支烟，烟雾袅袅中，他忽然轻叹了一口气"……日子过得真快呀！……时间不够用！……"他说。

一个时代过去了。

先生真的故去了。

云山苍苍　江水泱泱　先生之风　山高水长

范仲淹的这句话用在南老师身上很贴切。把先生的风骨描绘得很全面。我以前看到"仙风道骨"四个字，总是想象不出那该是如何的风姿，看到先生的时候，一下子就明白了，"呀，原来就是这样！"他总是用一种慈祥、温和的微笑，睿智、通透的目光，来看这个世界，聊到开怀处，也常常会大笑，摆动双手作势，眼中闪烁出极度愉悦的光芒。只有看透世情名利，看破红尘荣辱，心地纯净无瑕的人，才能有如此明快的笑容，才会有那么感染人的气场。

对先生早就仰慕已久。知道先生集中华传统文化之大成，道德文章，名闻天下，是一位极富传奇色彩的人物。但是没有想到因缘际会，能够那么近距离地接触到。这还得感谢香港中文大学的吴毓武教授和台湾淡江大学的陈定国教授。当时学院刚成立不久，按照朱镕基总理"聘请世界最好的师资，把学院办成国际一流的会计学院"的嘱托，我们和香港中文大学合作举办了专业会计硕士学位项目，吴教授和陈教授作为项目的授课教师来院讲课。他们两位又介绍体悟师为专业会计硕士项目的学员。承蒙三位引荐，我得以能去长发花园先生的寓所拜访。十一年时光匆匆过，但第一次拜访的情景仍历历在目。先生对学院很是知道，提到了朱镕基，创立了国家会计学院，提到了不做假账的不易，既要不做假账，又要把这个事情摆平，让老板满意，这需要很大的本事，这样的会计师，除非是国家会计学院毕业的学生才能办得到。他当时风趣幽默的点评，言犹在耳。其实当时，学院刚刚创办了几年，没想到先生就那么了解了。虽已是耄耋之年，但真是做到了"家事国事天下事，事事关心"。后面的多次拜会，这样的感触更深。那天，我向先生提出邀请，希望他方便的时候能到学院给学员们做一个演讲。他欣然接受，并表示可以从历史角度谈谈"不做假账"的不易，说完此话后，或许是看到了我面有难色，他说："你放心好了，说什么我心里有数。"那天拜访结束，先生一直送我们到电梯口。

提及体悟师，还可以披露一个小插曲呢！记得开学典礼时，楼继伟部长过来讲话，楼部长一眼就看到了台下学员中的体悟师，惊诧地问我："大慰，怎么还有比丘尼？"我向楼部长报告，体悟师原是运动员出身，正规大学毕业，后来出家到五台山佛学院学习，现在在义乌的双林律院担任住持，她的所有条件都符合我们的招生标准。我又同楼部长讲："我想天主教能在全世界发展，其背后肯定有一个强大的财务支持系统。弘扬中国佛教，也需要有懂财务的。"楼部长听后蛮赞同我的观点。后来南老师碰到我的时候，多次提到："夏院长真厉害，敢把体悟师招进来。"他告诉我现代会计制度是从天主教开始的，所以体悟法师应该学会计。我还真不知道体悟师后来到底学了多少财会会计知识，但她和同班的现任上海市政府秘书长蒋卓庆两人倒是成了班里的核心人物，成为很多同学的精神导师。

首场演讲，我们没有经验，被那种盛况和观众热情给震撼了。除了我们自己的学员，还有友校慕名而来的，以及其他仰慕先生已久的各界人士，学院的六百人报告厅被一千人塞得满满当当的，还是第一次有那么多人簇拥在一起听课，座位放不下，站着也要听。尽管那么多人，整个场地却是鸦雀无声，大家脸上都是虔诚与敬慕的神情，因为都明白能得贤师口耳相传，亲身传授是大不易的。相熟的校友和朋友，一脸艳羡，问得最多的就是"你们怎么能够请到南老师？"他们都是先生的仰慕者，看先生的书本身就很开心，更不用说能亲耳聆听教诲。

先生当时已是86岁高龄，面容清癯，风度翩翩，眉宇间隐现着智慧之光。一头银发整整齐齐，一丝不苟。先生的演讲延续了诙谐风趣的风格，开口就戏称自己"著书多为稻粱谋"，现场的气氛马上被调动起来，大家都被引得忍俊不禁，笑声掌声不断。也因为我在开场的时候，论及先生的辉煌成就，其实根本没有言过其实，先生却戏称我是刷油漆的，因为他的脸面被我漆得很精彩。他从会计的起源讲起，从改"茅山"为"会稽（即会计）山"的始祖"大禹"，讲到春秋时期做过

"委吏"（司会计）的孔子。从"安史之乱"后唐朝著名理财家刘晏如何统筹有方，治理财政，又讲到明清时期绍兴师爷的功绩作为，种种辛酸。其间旁征博引，妙语连珠，上下五千年历史掌故信手拈来，唐宋元明清前人诗句娓娓道出，借古讽今，纵横捭阖。讲到高兴处，低吟浅唱，神形并茂，把本来枯燥的历史知识讲得趣味横生。期间，幽默的言语随处可觅，比如他提及四千年前夏朝的大禹，在绍兴开创了"大会计"，今天朱镕基要办国家会计学院，请来了大禹的后裔绍兴人氏夏大慰来做院长。甚至戏称〈从大禹王到夏院长〉或可作为一篇考据大会计历史的博士论文题目，引得全场哄堂大笑。

先生的演讲让我们领悟到不少作人做事的真谛。先生以"大会计"为题，不仅仅是单纯引用《越绝书》的典故，而是说会计的范围非常广，囊括了经济、财政、税务等。用先生的话说"大会计是宰相之才，真的经纶天下。"他还以《史记》为例，称司马迁这是把历史都衡量了，所以写的是"历史会计"。观点耳目一新，又在情理之中，真是开阔了大家的眼界。他说地位越来越高，房子越来越大，车子越坐越新，人却越来越渺小。会计只是个技术，技术容易学，要能把胸襟放大，学问和思想提升，才是大会计的目标。言简意赅，发人深省。而先生引用的明治维新伊藤博文的"计利须计天下利，求名当求万世名"，实在是整场演讲的点睛之语，神来之笔。

与先生相处，最难以忘怀的是他面上永远带着慈祥可亲、谦和有礼的微笑，相由心生呀。先生演讲，开场就是自谦八字，"一无所长，一无成就。"先生很善于自嘲，"原来名士真才少"常常挂在嘴边，他已看透虚名。虽然年逾九旬，十多年来和他交往的细节，往往我早已淡忘，他却常常谈及，令我羞愧之余，深深折服于他惊人的记忆力。先生门生遍天下，后进晚辈万万千，居然还能拨冗关注我的健康。有一次他对我说："你脸色不好，工作别太累呀。"临走时还给了我调理的中药。后来他还专门派李素美老师到学院看望问候我，并教我如何正确打坐。知道我多年执教，伏案良久，颈椎和腰椎都出了问题，他还特地让传洪定期从台湾请来了小潘医师帮我们正骨。先生的眼力非常好，耳力也甚佳。2012年春节前夕我去给先生拜年，当时刘明康夫妇也在，吃饭时我坐在先生的旁边，刘主席夫妇坐在我们的对面，聊天时由于隔着一张大圆桌，我有些听不清刘主席的话，先生居然还复述给我听。为人处世上，先生堪称楷模，值得我辈好好领悟和学习。先生自奉甚薄，吃得很清淡也很简单，身上的衣服据说都有几十年了。无论是两次来院演讲，还是他请彼得·圣吉过来演讲，从来不肯收取任何费用。近一两年我一直有一个宏愿，想带着那些近三四年新进学院的 EMBA 的学员们去太湖大学堂拜见一下先生，同时在大学堂里面栽些树。我也晓得先生年纪大了，但其实只要他出来讲几句话，大家就很满足的。有学生甚至说，只要看到南老师就可以了，感受一下先生的气场就是一种幸福。他们都是在社会上颇有点地位的企业家，但是说这话的时候，就和小年轻追星族一样的虔诚。我曾经和宏达说过我的想法，宏达告诉我："你是知道老师脾气的。你要是带学生过来，他会只说几句话吗？老师年事已高，不要让他太累了。"听了宏达的话，我也只好作罢。2012 年春天，吴江太湖国际实验学校举行毕业典礼，邀请我去参加，但那天突然市里通知开会，没有成行。到 6 月的时候，我同宏达联络，想去看先生，被告知他正在闭关。我想，不要紧，那就等先生出关。后来电话过去，说是已经入定。没想到，再之后居然就是先生往生的消息，阴阳相隔，令人扼腕。

忧劳庶绩　矜育苍生

很荣幸收到刘雨虹老师和慈雄的约稿，来写这篇回忆文章。我笔力不逮，难以描绘先生神采之万一。只是希望通过笔头只言片语，寄托我内心对先生的追思与怀念。这段时间，与先生交往的细节，如同电影一般在眼前回放。回想先生初次来校讲演之后，又过了几年，我们又陆续招收了一大批优秀的高端学位项目学员。因为第一次演讲的盛况与辉煌，他们总是在各个场合对我说，有没有可能再把南老师请到学院来讲一讲。时隔四年，先生已经九十多了，再次惊动，真的是想都不敢想的。

　　一次，先生跟我说盛泽商会多次来邀请他给他们讲一次。我跟先生说，盛泽是现在中国的纺织重镇，出了不少最初在市场上摆摊而发迹的民营企业家。盛泽商会会长盛友泉和我相识。有一次，我去盛泽，听他们说起当地一些企业家有了钱后，都不知道应该做什么。很多盛泽人赚了钱，到澳门去赌博。饭桌上一位企业家告诉我，他一次就输掉了几千万。出赌场的时候，看天花板是白茫茫一片，脚都是软的，下楼梯时好像踩在棉花上，回到盛泽就大病一场。一个人没有建立良好的人生观，突然发财之后，往往会因为没有道德的约束而失控，一下子放肆地沉迷到快乐享受中去，最终证明这是一个无边苦海。先生对此也是痛心疾首。现在回想起来，正因为先生那颗"矜育苍生"之心，才有了后面不顾炎夏，再次莅院演讲的机缘。

2008 年，南老师第二次来学院，还特别关照请盛泽商会和其他多次邀请老师的朋友们一起过来听。很多学员听闻学院居然又一次邀请到南老师前来演讲，无不欣羡仰慕，更以能身临现场，一睹大师风采，亲聆大师教诲为荣，纷纷奔走相告。虽说学院国际会议中心不算很小的场子，但鉴于第一次的盛况，我们只发了 400 多份邀请，可是演讲当日，半小时前座位就坐满，后来的学员索性席地而坐。由于人流源源不断地涌来，我们只能加开两个分会场，也是人满为患，走道上站满了学员。那次演讲总共有 1400 余人聆听。

先生以"商业道德"为题，旁征博引，举重若轻，纵览五千年之儒、释、道等中国传统文化，尤为关注鸦片战争以降中国文化的生存现状，把商业道德与中国传统文化的关系阐述得条理井然。同时，因为先生的博闻多识，将古今中外的诸多奇闻轶事信手拈来，使整场演讲显得深入浅出，妙趣横生。真可谓切理厌心，字字珠玑，既是一次精神之旅，也是一种美的享受。整场演讲精彩纷呈，既有思辨深邃之美，又具文辞斐然之丽。更重要的是，在字里行间往往透露出先生悲天悯人、以天下苍生为己任的悠远情怀。

演讲中的许多观点，真的是发人所未发，省人所未省。他说赚钱难，用钱更难。饮食男女，肆意挥霍，称不上会用钱，能用来做好事，才是真会用钱。做好事，也不是撒钱即可，也要讲求一个机缘，有时更需要水磨功夫来养。就比如布施有两种，一种是钱财的布施，取之社会，用之社会；一种是智慧的布施。他谈到了诚信，"贸易不欺三尺子，公平义取四方财"；他说"国清才子贵，家富小儿骄"。商业道德这场演讲最精彩的戏肉是先生对范仲淹一首诗的改编，警世恒言，振聋发聩：

> 世事循环望九州　前人财产后人收
> 后人收得休欢喜　还有收人在后头

先生学问博大精深，著作等身，内容涉及儒释道，融合了诸子百家的学说。因为有特殊的人生经历为基础，所以他的生命体验，往往与纯粹的学者不同。不仅如此，先生的学说还深入浅出，他常常能把深奥晦涩的命题，用最明白晓畅的语言表达出来，使得大家都能容易理解传统文化的精髓，所以他对传统文化的普及作出了极大贡献。愈是科技发达，物质文明充裕的今天，先生的文化价值愈加受人关注。研究传统文化经典的专家学者何止千万，为什么能令人想起的就那么几个人？"屈平辞赋悬日月，楚王台榭空山丘"，应该接近于这个意思吧？

　　和先生的闲聊，他对三件事儿论及较多：文化断层、读书无用和儿童读经。其实三件事儿就是一件事儿，那就是先生对中华文化被遗忘危险的深切担忧。在这点上，先生真的是殚精竭虑，奔走疾呼。文化和历史，是一体两面，文化断层源于对历史的漠视，要客观对待现代尤其是东学西渐之后发展起来的文明，因为现代文明仅仅只是一个新方式，历史和传统文化读"通"了，就一通百通，再结合现代文明，就拥有了智慧人生。他觉得中国这一百多年来，积弱贫困的根源是文化教育的问题。换言之，一个国家的兴衰成败，重点在文化，在教育。教育弄好了，断层的文化就能再度接续上。他甚至不惜用极端的表达来展露内心的忧虑："我常常感到，国家亡掉了不怕，还可以复国，要是国家的文化亡掉了，就永远不会翻身了。""十九世纪、二十世纪初期威胁人类最大的是肺病，二十世纪威胁人类最大的是癌症，二十一世纪威胁人类最大的是精神病。""读书无用"和着重文化教育之间并不矛盾，先生在"读书无用"中的读书是有特定指代的。他觉得如果读书目的只在学位，是很可悲的事儿。尤其是中国农村的父母省吃俭用一辈子，砸锅卖铁就为了供孩子念书，结果孩子培养出来，居然是远离父母，也没有为家乡建设出力，那在先生看来读书不如不读。读书志在圣贤，为官心存君国。先生的身上集中了传统知识分子的理念，读书、为官都是像尧、舜、禹一样的精忠报国，无私忘我。读书不是读出个书呆子，而是要头脑聪明，会做事，用句现在的表述，就是智商和情商要齐头并进为好。对当代的教育制度，先生是抨击最多的。"消磨天下英雄气，八股文章台阁书"，为了考试，小学读的书，中学没有用了，中学读的书，到大学也没有用了。大学读的书，对职业帮助不多。十一二岁的当代"天下英雄"已经被考试把头脑和眼睛都消磨掉了。他是切身体会，有感而发。

先生诗词歌赋，随手拈来。兴之所至，吟哦传唱。有天下午，他吟唱起王勃的《滕王阁序》"……落霞与孤鹜齐飞，秋水共长天一色……"，古意扑面而来，身心愉悦。他的底子据说都是十几岁时候读的书，一辈子受用，越来越好，越熟越好。所以先生亲自创办吴江太湖国际实验学校，以期从新生代上实现复兴，消弭文化断层。吴江太湖国际实验学校很好地在实践了先生理想的教育目标——敬业乐群。如果说 1998 年金温铁路全线通车，是完成了一千六百万温州父老的梦想，那先生一生的贡献都无不在实践铺设一条传播和弘扬中国文化的"人走的路"。所以后来听说我们学院针对毕业后的校友，办起了国学人文研修为主的后 EMBA 项目时，先生特别高兴，连连赞许，还特地为我们推荐师资。

先生格局宏大，是因为他站得高，看得多；胸中自有千壑，是因为他有一双看透世情的眼。所谓"世事洞明皆学问，人情练达即文章"，洞明和练达的背后是对历史的"通"。如果说哈佛商学院的 MBA 课程之所以被国际企业界奉为圭臬，是因为它的案例都是来自于当下的商战实践，取的是横截面。那先生所掬起的波澜壮阔历史长河中的朵朵浪花，无疑是观照今天的最佳范例，取的是竖截面。观今宜鉴古，无古不成今。先生善于举一反三，读深读透典籍。先生的字里行间都在鼓励我们建立一种卓然不拔，伫立风雨艰危中的精神。先生说《孙子兵法》十三篇，真正重要的是一个"势"，换言之，一个时代的潮流，一股社会的大趋势。纵观先生一生，在对历史大势的把握上，精准及时。每次都能踩对点，这背后是学识，是眼界，是胸襟，是睿智。看得透，还很宽容，这就是先生的魅力。对于人情既能享受"相濡以沫"的际会，又可以忍受"相忘于江湖"的离别；既经得起激情荡漾，又熬得住颠簸折腾，这是与他十年相交，从先生身上学到的最大的增益。不以物喜，不以己悲，如是而已。

知离梦之踌躇　意别魂之飞扬

9月30日中秋那天的月亮特别明亮，大家围站在草地上，与先生告别。我脑中忽然闪现在大学堂的餐厅聚餐的情景。先生坐在中间的圆桌上，大家团团围坐四周，桌上不少是大家自己带来的各地特产，特别家常，却特别亲切。到了先生这边，任你位高权重，还是人微言轻，都是诸生平等，到了先生这边，似乎没有什么是放不下的，喜怒哀惧，恩怨情仇，都随风而散，每个人的眼中流露的是特别纯真与宁静的目光。涤荡肉身灵魂，洗净浮世欲念，这里是我们永远的精神家园。化身炉青烟袅袅而起，这样一个人，就这样地去了。大家自发地跪下，潸然泪下。

　　　　松下问童子　言师采药去
　　　　只在此山中　云深不知处

有一年，我给先生带去了很多学院培育的小花秧苗。秋高气爽之际，太湖大学堂的草地上开遍了五颜六色小花，先生站在花丛中，笑得像个孩子。

问学三十载

——南怀瑾老师的学术与方法论初探

吴琼恩
中国政法大学特聘教授
北京师范大学客座教授

认识南怀瑾老师因缘的前言后语

我年轻时候喜好读书，在台湾政治大学读书时期，深受师长们的启发，曾遍读熊十力、梁漱溟、唐君毅、牟宗三，乃至马一浮、杨仁山、方东美等学术巨擘的著作。当然理解到什么程度，那是另外一个问题。

60 年代后期的台湾，由于国民党退守台湾，整个政治气氛笼罩在威权体制的统治下。当时的思想战线是"一个中国"原则，"台独"是一大禁忌，台湾依赖美国的政经保护而存活。一方面蒋介石先生发起"中华文化复兴运动"，以王阳明的学术为孔孟心性之学的核心精神，另一方面，是学术界开始流行美国的行为科学或逻辑实证论。

有的知名学者倡导实证主义，认为那叫科学方法，更有教授误解所谓直观的方法是违反科学的。而他们所倡导的"传统与现代化"，今日看来误解甚多，甚至有的知名教授，竟无知于60年代美国学术的发展趋势，在逻辑实证论已衰退的时候，还自鸣得意，要以实证科学来研究中国传统文化，可谓误学术也误了国家前途。当时护卫中国文化与行为科学之间的思想战，早已演变成为一个严肃的政治问题。60年代中后期，也是毛泽东发动"文化大革命"与"批孔扬秦"的时代。

中国文化在胡适及一群留美学人影响下，逐渐走向"全盘西化"的泥淖中，不仅失去民族主义的立场，也失去中国的"文化主义"信心。在这种情况下，有谁能真正理解并体会孔孟的心性之学，以及佛学的启示？

到了70年代，台湾进入"倒霉的时代"，有如2009年的美国《时代周刊》（Time Weekly），列举21世纪初每年的倒霉事件一样。这一时代，是美国与欧洲从60年代的学生运动，逐渐转向80年代的保守时代，或可称之为"转型年代"。西方青年学者在美国旧金山成立了Shambala Publication（曾出版英译《楞严经》），要向东方文化寻找灵感。他们体悟到西方文化"天人对立"的科学主义与经济成长主义，有走向尽头的趋势，因此要返本开新。也因为他们发现东方思想在文化精神的源头上，都是走"天人合一"、"知行一体"、"心物一元"、

"自他不二"的预设。中西文化的源头各自不同,因此发展至今而有不同的面貌。

到了 80 年代,西方物理学家终于发现,当代物理学的世界观与东方文化的源头预设相同,并谓之为一种"典范移转"(paradigm shift)。换言之,人类的科学家体会到:愈是新颖的物理学世界观,愈与中国传统儒释道精神相通。这种认识已经十分了不起,改变了学术研究的知识论和方法论的基础;但在南怀瑾先生这样的有修有悟者看来,只是"见识"到人类心性之学的开端,尚未进入知行合一的"见地"境界。此所以"南门"(南老有教无类,无所谓门派之见,此乃勉强用之)特重实践,行以求知之学。

南老师身教言传

大约 1982 年的春天,由于曾读过南老师的书,听说周勳男先生与老师认识很久,就在周兄的引见下初识南师。当时我在国民党中央文化工作会,担任理论工作。由于 80 年代的台湾,刚刚经过 70 年代的倒霉运:1971 年退出联合国,1979 年台美断交,中间复历经两次石油危机和若干国家的断交,1975 年和 1976 年蒋介石和毛泽东又相继去世,两岸形势的变化,都在默默进行中。

1980 年代是世界各国都在变动的时代，由于台湾与美国已断交，蒋经国虽领导台湾自立自强，无奈文化底子薄。1979 年台湾历经 30 年相对偏安之局，进入亚洲四小龙之首，1988 年 1 月 13 日蒋经国去世时，台湾的美元外汇存底排名世界第二。而中国大陆改革开放虽已届 10 年，却还在 5 名之外。80 年代初，出现了刘家昌制作的歌曲，充满大中国的憧憬；而邓丽君的歌曲也开始登陆，但仍被一些顽固的人视为靡靡之音。

我就在这样一个迷惘的年代，认识了南老师。当时只知他在台北信义路的复青大厦，每天都有川流不息的访客，王升说南老师那儿是"人民公社"，各路人马常来常往，或来听课，或来听南老师讲古今中外的事，的确受益匪浅。当时南老师下午正在讲"中国文化大系"，晚上讲《楞严经》，听课者只付一些场地清洁费。

南老师授课有教无类，幽默风趣，他不走学院派的老路，独树一帜，因材施教。他除了讲经说法，还会关心你的身心健康。

80 年代初，老师给不少党政军要人开课讲《左传》等，但竟引起某些人的疑虑，称南老师为"新政学系领袖"。南老师终于在 1985 年 7 月 5 日离开台湾，前往美国，落脚华府，恰与美国的 FBI 为邻。

80 年代上半期，英美两国开始新经济政策，松绑银行贷款，企图鼓励企业家投资创业，创造就业机会。不料，投资者却有趣于投资华尔街的股票市场，无趣于真正的企业投资，终于种下 2008 年金融海啸危机的远因。当年诺贝尔经济学奖得主克鲁曼，把金融海啸之责归于 80 年代的里根政策。

在 80 年代初期，台湾青年寻找思想出路，开始流行新马克思主义；中国大陆青年，则在寻找政治体制改革的方案。

海峡这边的台湾人，对中国传统文化的心性之学尚缺信心，在日渐富裕下，政治反对派只知要争取言论自由，早日开放党禁、报禁，却昧于文化尚不成熟，一旦他律松绑，却无自律的涵养，造成的后遗症不容小觑，迄今仍然难治。

而中国大陆，却因"文革"而打压孔孟心性之学，改革开放后，年轻人只看到美国表面繁荣富足的一面，却未体会孔孟心性之学，不是唯心唯物二元概念可以分析理解的东西；只羡慕美国表面上的繁荣富足，却不能认知到后来可能造成金融海啸的危机。中国自鸦片战争后一百多年来，为救亡图存，只知求实用地、快速地解除危机，却无一套长治久安的文化策略。迄今仍是如此，作中国梦，很需要深度和广度的论述。

南老师的心性之学，是治国长治久安之策。试看二战结束后，从凯恩斯的经济政策，到 80 年代海耶克的自由政策，人类的经济前景陷于一片迷惘。经济问题已非经济政策所能解，这是涉及人类方方面面的系统工程，而且是一复杂的系统工程。所谓心性之学，乃是基于人类除了实用科技之学外，必须面对的社会规范之学，这就是孔孟礼治优于法治之论，礼治能使人"有耻且格"，不像法治仅使"民免而无耻"。现代人几乎已无羞耻感，到了麻木不仁的地步，只顾自己生命的存在活动，盲然于如何与他人互动，更不知真实的情感是何物。

南老师的心性之学，教人从日常生活的起心动念开始。像斯米克集团的李慈雄，在台大电机系二年级时，在南老师那儿打工并扫厕所，南师并告诉他杯子要如何洗，才会洗净杯口的唇印。

当年我寄赠南老师《新马克斯主义座谈纪录》时，不久就收到他的来信，表示收到并致谢意。南老师旅居香港时，有一次曾说，要介绍我认识几位大陆的大学校长，我以为南老师只是轻松地说说而已，没想到半年后，我又到香港去，南老师见到我，立即亲笔写了五张介绍信，真让我震惊不已。世俗中人，有谁那样"闲话一句"，仍然信守不渝？这几年来的经验，像寄赠一本好书送人，对方一点响应皆没有，让人觉得好像多此一举。

这些事说明了，一个人的良知良能，本自俱足，不需要逻辑推理，你如果能将心比心，具足直观的能力，自然会知道应有所回应。可现代人接受逻辑推理的能力愈来愈强，却在一开始就丢弃了人与人之间那种"敏锐的直觉（仁）"（梁漱溟的用语），丢失了你那本具固有的良知良能，因而凡事从自我中心出发。反应快速的结果，言行举止只不过是内心长期累积的"错误意识"（false consciousness）的投射，如何能与他人有效沟通呢？

南老师的心性之学可贵在此，他不在乎他人以严密的逻辑理论来骂他，许多批评他的人，亦不过是内心的"错误意识"，投射出来的言行举止而已。对心性之学没有真参实修的人，出口即是"错误意识"的投射，所以南老师从来不予辩驳，现在笔者在此多言，若南老师在世，必笑我多此一举。

南老师热爱民族，关心中华文化的复兴。在 1988年旅居香港时，有一次我与舍弟琼垿，路经香港去看老师，当时他说，尹衍樑先生请他出任光华基金会董事长，资助大陆青年学生读书。后来北京大学也盖了光华大楼，其他大学受益于光华奖学金者亦不计其数，20 多年后的今天，开花结果造福一个时代的青年，迄今仍然不赘。

南老师的事功岂仅这一点点？他在台湾时已启人无数，致力于延续中华文化的命脉。在美国时，他诚恳地告诉美国特务："七分为中国，三分为美国"，赢得美国特务的敬重。

南老师在 1987 年，写了一信严厉责备我，教导我赶快觉悟，我立即回信，忏悔过失。后来在 1988 年 1 月 20 日左右，南老师要我到华府走一趟，并赠 500 美金机票费用。

我记得当日一下飞机，到达南老师住所后，休息一会儿，他即邀我政大政研所博士班肄业的学长张炳文作陪，亲自教我打坐与数息观 40 分钟。我们在华府停留两夜三天，观看《济公活佛》录像带（当时尚未有光盘）。回德州 Austin 前，南老师在门口要亲自教我一个咒语，我正严肃地洗耳恭听时，他老人家亲口传授："要多拍马屁。"我顿时恍然大悟。1988 年 1 月 13 日蒋经国去世，月底南老师迁居香港，我在华府时，竟然一点动静皆不知，南师的行事作风巧妙有如此者。

1988 年 3 月 8 日，我通过博士论文口试。4 月初返台时，南老师有两句话，要我请苏志诚转达李登辉："一是少说话有利，多说不利；二是无为而治有利，有为不利。"事后观之，李登辉全然违背南老师的建议。后来李登辉托南老师的有关两岸密使事件，亦不了了之，南老师十分失望，后来送笔者墨宝，上书清张船山句：

> 今古茫茫貉一丘　　功名常笑烂羊头
> 戏拈银笔传高士　　醉掷金貂上酒楼
> 未老已沾秋气味　　有生如被梦勾留
> 此身可是无仙骨　　石火光中闹不休

老师的墨宝，洒脱有仙气，我视如无价珍宝，亦真实体会到他对两岸关系的关怀与无奈。至于后来南老师移居上海，2006年后常住太湖大学堂，往来宾客中，看热闹、抢拍与南师合照者众，众生相自然如此。亦所以见孔子"吾非斯人之徒与而谁与"，诚不我欺，从此深深体会到，南老师是如何的无可奈何了。

心性之学方法论的基础与初探

南怀瑾老师的心性之学，远迈王阳明的心性之学，直接孔孟的心性本体。他在评论王阳明四句教的矛盾中说：王阳明的四句教，在哲学上叫三元论，不是一元论的本体了，那就成了问题。（南怀瑾，1955：292）王阳明的四句教如下：

无善无恶心之体　有善有恶意之动
知善知恶是良知　为善去恶是格物

南师认为这个心之体，是和"人之初，性本善"的思想不同。第二句的意之动，这个意是思想的作用，本体的功能发用后就是意志，这时候就有善有恶，如果本体是无善无恶，没有善恶的种子，何以本体起用后，却有了意志而有善有恶呢？第三句的知性也是本体功能所发，既然心之体是无善无恶，何以本体所发的良知，却能知善知恶呢？南老师认为，只有第四句是对的，也就不予批评了。

南怀瑾老师认为佛家的明心见性，道家的修心炼性，儒家的存心养性，这些都与脑的科学有关，与认知科学、生命科学接轨。（2012：138）读者或可参看《念力的秘密》（McTaggart，梁永安译，2008）和《念力》（2012）两本书。

中国自古以来就有"人心惟危，道心惟微，惟精惟一，允执厥中"的修心养性之论，及孔子提出"仁"的理念，非是经验现象的概念，亦非简单的"仁者爱人"

之论。孔子所谓的"仁"，整个生命通体是悱恻之感的忧患意识，是梁漱溟所谓的"敏锐的直觉"，即自家生命与其外在的事事物物，具有一种敏锐的感应，而发出恰当的、合乎中庸之道的适当响应，即是仁者，亦是智者。这种智附属于仁，开启了中国文化的道德价值体系，也使当代所谓的科学意义，未能有效的撑开，此点为唐君毅和牟宗三两人的哲学著作中所用心的力作。

不过，中国的心性之学，必须在实际的行为体验中，求默会或证悟其本来具足的面目，其默会所知超过语言文字论述之外，诚如科学哲学大师 Michael Polanyi 在其《个人知识》(Personal Knowledge，1966) 一书中所说："吾人所能知者，超过所能言说者"(We can know more than what we can tell.)。这种知识，现在叫"默会知识"(tacit knowledge)。自 90 年代起，进入知识经济时代，这种"默会知识"成为企业竞争力的主要来源。

南老师的心性之学，与唐牟两人，乃至于与熊十力等人所走的路线不同，他融会贯通儒释道的一套修行法则和程序，重视真参实修的功夫，不强调逻辑推理的方法（当然也没有排斥的必要），所以他的著作，句句是生命体验的真实流露。他不在乎他人从学术上，或理论逻辑上对他的著作批评，因为他们的所言所行是"知行分离"的，与心性之学的全体大用毫不相干，所以没必要去辩驳，以免浪费时间和生命精神。

南师心性之学，越过清朝将近 300 年的考据之学，他并不满意朱熹等人的宋明理学，在他所著的《原本大学微言》中，对儒家的修行功夫与方法，提出独特的见地，并据此而有对中国历史文化的评语。读者若据此再与南师早期所著《禅海蠡测》，及《如何修证佛法》、《禅与生命的认知初讲》等书合参，必能逐渐摸索出他的一套修行法则出来。不过还是那句话：不能沉迷于文字上的逻辑推理，指东说西，反而走上心性之学的歧路。至于怎样正确看待南师的心性之学，这在科学哲学上有下列三点说明：

1. 注意孔恩（Thomas Kuhn）所谓"典范移转"（paradigm shift）的意义： 孔恩在 1962 年出版《科学革命的结构》（The Structure of Scientific Revolution，1962/1970）一书，花了 15 年的时间完成此一巨著。当他在哈佛大学修读科学史博士生时，有一次为了准备受邀演讲内容，详读亚里士多德的《物理学》，无论怎么看都看不懂，甚至认为满纸荒唐言。于是孔恩发出疑问，何以开创西方文明三巨头之一的亚里士多德，有此荒唐言论？经此一问，多年后才恍然大悟，只要转换世界观，或观察的方式（way of thinking），就能将过去视为荒唐者，突然变成条理井然，前后一贯的体系。孔恩从此写出《科学革命的结构》这一本划时代的巨著，流传至今或将永垂不朽。

孔恩指出科学革命的过程是如下的一种流程：

P1 → Normal Science → Anormality → Revolution → P2

假定 P1 是牛顿物理学典范，其世界观，即观察世界的方式是"时空绝对论"、"唯物论"与"直线思维"。如此这般的观察方式，形成了所谓的常态科学，成为教科书的来源。当科学愈进步，研究员发现愈多物理现象，难以以常态科学的观点解释；当无法解释的异例愈来愈多时，就发生了"典范革命"。在典范革命时期，百家争鸣，莫衷一是，直到新的典范出现。在此假定 P2 是爱因斯坦典范，从此观察世界的方式变了："时空相对论"、"心物一元论"、"非线性思维"，成为常态科学的主流。

由此可意会者，南师突破中国文化传统的常态科学观点，走一条中国原生文化本来具足的心性之学。经孔孟承继道统，又经宋明理学家的歧出和清朝的扭曲，直至近人唐牟两人的学术贡献，我们后人也要肯定其应有的价值，但更要尊重南老所走另一条以实参修证为主轴的，非学术亦学术的道路。南老师致力于恢复中国传统的道学或心性之学，开启了新时代学术文化的新典范。

2. 默会知识（tacit knowledge）具有更多更丰富的内容，当代人不可轻易地以有限的外显知识（explicit knowledge）随意否定： 前述 Michael Polanyi 认为这种默会知识，比外显知识内容更多更精彩，因为难以言说表述，故又称为"个人知识"，只可意会不可言传，与"内隐知识"（implicit knowledge）不同，后者是一种可说但不愿说的知识。

无法用语言文字表述的知识叫"默会知识"，这种知识，在五六十年代仍流行但快衰退的逻辑实证论中，异军突起。当时那些仍受逻辑实证论典范影响者，必责默会知识为荒唐无知。好比如果你以逻辑的、感官实证的角度，来贬抑南怀瑾老师的著作，但南老师风度潇洒，他绝不与你辩论，说不定他还与你化敌为友。凡例甚多，大陆一位搞哲学的企业家即为一显例。

其实，"默会知识"在中国传统原生文化中，随处可见可知。古人说："言有尽，意无穷"，《金刚经》："凡所有相，皆是虚妄，若见诸相非相，即见如来。"佛讲经说法 49 年，最后他仍要说，那些都是文字般若，而非实相般若。南老师生前曾叮嘱我，《庄子》一书要看百千万遍。《庄子》书中曾比喻说，凡语言文字所能表述者，皆为糟粕，而真正的精华，是无法用语言文字表达的。儒释道都同此一理，读书能悟此理定有收获。

如果有人指出文章该当如何批注，如何考据方为严谨，我亦将学南老师，谢谢你的指教，但重点是你要悟出文字外的理，才是正办。深受逻辑实证论影响者，必须早日抛弃其世界观，才能进入南师所开创的新典范，即孔孟原生文化的心性之学，才能悟知90年代知识经济时代来临，"默会知识"才是企业竞争的实力来源。

3. **理性思考的直线尖系与直观智能的非线性生态体悟：** 现代物理学和东方神秘主义思想一样，必须处理"实在"的非感觉经验（Capra，1985：51），这种感觉经验，往往不是理性思维所能发生功效的。愈是严谨的数学语言，愈失去其描绘"实在"的弹性。因此，"概念"、"型模"、"理论"，只能近似地描述"实在"，成为一种地图，而非真正的地形形状。对于地形弯弯曲曲的形状，仍有赖于暧昧的语言，以保持若干程度的弹性，才能有效地接近"实在"。甚至于有时候，必须抛弃语言，或概念的理性思维活动，让直观的活动，突然产生有创造性的慧见（insight）。而理性知识是一种抽象概念和符号的系统，也是一种直线的、序列的结构（linear, sequential structure）（Ibid, p.27），因此是有其限度的。相反的，生态体悟是宏观把握，来自于非线性系统的直觉。

直观洞识能力，在组织高层中具有相当重要性。位阶较低者，愈需要也愈有可能在稳定的系统内，掌握少数的变量，而从事理性的分析；但在高阶层者，因为当面临各种复杂的、突发的危机，根本难以作出理性的分析，此时就需要直观的智慧，当机立断，宏观地把握。同时，理性分析与直观把握是互补的，两者并不冲突。科学哲学大师 Karl Popper 有几本名著，其中之一即《The Logic of Scientific Discovery》，即可参证。

其实，行为的真参实修，即是培养直观体悟的能力。南老师在指导禅坐时，再三叮咛，放弃逻辑推理的思考，从数息观中慢慢培养直观的能力。所谓直观能力，人人本自具足于心性中。

孟子曰："人之所不学而能者，其良能也；所不虑而知者，其良知也。"又说："恻隐之心，人皆有之；羞恶之心，人皆有之；恭敬之心，人皆有之；是非之心，人皆有之。恻隐之心，仁也；羞恶之心，义也；恭敬之心，礼也；是非之心，智也。仁、义、礼、智，非由外铄我也，我固有之也，弗思耳矣。故曰：求则得之，舍则失之。"孔孟的心性之学，从仁、义、礼、智内在本心中，开启道德价值之源，成为礼治的基础，使人有耻且格，这是当前社会因技术理性过度膨胀的结果，失去人际互动的真诚往来，所以难以建立"社会资本"（social capital），因而在政治与经济场域，形成尔虞我诈的氛围。眼看他起高楼，眼看他楼塌了，只停留在短期的实用境界中，非长治久安之道也。

兹再举一例，以明西方逻辑推理之细腻，与中国直观智慧的全局把握，二者各有所长，但绝不可以西方逻辑推理之便，随便否定直观智慧全局把握的心得。吾人应知："平常心就是道"，有境界者闻之即悟，有道者暖暖内含光，用不着将自己的生命工具化，去追求"出类拔萃"的风头；可渐悟者，必须一步一步推理，而得出结论。试以学开车为例：

第一阶段叫"无意识的无能"（unconscious incompetence），此时对自己不会开车，认为无所谓，即为无意识的无能。

第二阶段叫"有意识的无能"（conscious incompetence），此时因受外界的刺激，而警觉到不会开车这种无能，是一种损失，这时想学开车的意识，成为训练需求的开始。

第三阶段叫"有意识的有能"（conscious

competence），此时因参加驾驶训练而获得驾照，骤然有兴奋之情。虽已会开车，但仍有兴奋之情，以致开车可能误事。

第四阶段叫"无意识的有能"（unconscious competence），此时将会开车视为稀松平常之事，而无意夸大。此时境界即达"平常心就是道"的境界。

《庄子》中庖丁解牛的故事，即类似此四阶段的分析。头三年，庖丁停留在感官目视的阶段，后来到了形而上的"神遇"阶段，这就是前述已取得"默会知识"的境界。到此境界，语言或逻辑的分析，已属多余的事，得到形而上的神遇或"默会知识"，也难以言说，只好叫你参，行以求之或行以知之，局外人的谩骂与赞扬，皆身外之物，与我何干？

以上三方面，均涉及科学、哲学的严肃问题，吾人不能以当今常态科学的角度，随便评论。南怀瑾老师生前，非常重视当前脑神经与认知科学的发展，他认为，科学的发展，将朝向与儒释道心性之学相通的方向融会贯通。尤其是佛法"心能转物"的科学发展，将对人类深有启发。世界知名的管理学家彼得·圣吉（Peter Senge）有所谓的"系统思考"（system thinking），在他追随南师学习禅定的 15 年之中，亦对此一看法深有体会。

南怀瑾老师在中国文化史上将来可能的地位

我之所以写作这篇文章，不是为了替南老师辩护，我知道他老人家不在乎这些累赘的身外之物，他要我看《庄子》百千万遍，早就看透我的思维倾向（mindset），须以庄子思想来调剂之。我虽然只看了两遍，果然受益匪浅。我还发现 1977 年诺贝尔化学奖得主 Ilya Prigogine 在 1984 年出版的《Order out of Chaos》一书提出，新的自然正在形成，与《庄子·天运篇》相通（1984, p.22）。

《庄子》："帝王之功，圣人之余事也。"又说："外重者内拙"、"其嗜欲深者，其天机浅"，这些话与《孟子》："养心莫善于寡欲。其为人也寡欲，虽有不存焉者寡矣；其为人也多欲，虽有存焉者寡矣"道理相通。儒释道三家着重点或有不同，心性修行工夫或简要或细密，亦各有不同，然同样重视诚意正心修身之学。

近 300 年来的西方牛顿物理学典范的世界观，为爱因斯坦的典范所取代，从量子理论的心物一元论，取代了唯物论。21 世纪科学的发展，又掀起心能转物的研究趋势，则吾国心性之学，当有重振的一天，以挽救技术理性过度膨胀的时代文化。诚如陈寅恪所说："华夏文化，历数千载之演进，后渐衰微，终必复振。"

中国自春秋战国以来的原生文化，是为中国文化的第一波文明，以孔子集大成。第二波文明，儒学兼吸释道而形成宋明理学，但与孔孟之学有所偏离，所以南老师亲写《原本大学微言》，厘清一些观念。第三波文明，乃对西方盛世文明的消融贯通，并吸纳西方的科学与民主。不过，没有复兴中国传统的道学或心性之学，人际间互动的真诚，难以树立；没有心性之学的基础，人的自利与欲望，也难以使经济与环保相互协调。

因此，第三波的中国文明，必须恢复孔孟的心性之学，除了一般哲学或学术的疏通之外，最重要者，当属修证体悟孔孟心性之学，融合儒释道三家的精华，行以求知，则南怀瑾老师所开拓的文化新境界与修行功夫，将更值得现代与未来的治国者与修道者重视。

参考书目

南怀瑾——

1955/1973/1978/1980 **《禅海蠡测》** 台北：老古公司。

2012 **《廿一世纪初的前言后语》** 下 台北：老古公司。

1989 **《如何修证佛法》** 台北：老古公司。

1992/1996 **《金刚经说甚么》** 台北：老古公司。

2008 **《禅与生命的认知初讲》** 台北：老古公司。

2009 **《原本大学微言》** 上／下册 台北：老古公司。

吴琼恩——

2005 **《行政学的范围与方法》** 2nd ed. 台北：五南公司。

2011 **《行政学》** 4nd ed. 台北：三民书局。

Capra, Fritjof. 1985. The Tao of Physics: An Explorationof the Parallels Between Modern Physics and Eastern Mysticism. (2nd ed.) Boston: Shambhala publications.

Kuhn, Thomas S.1962/1970. **The Structure of Scientific Revolution.** 2nd ed., Chicago: The University of Chicago Press.

McTaggart, Lynne 梁永安译 2008 **《念力的秘密：叫唤自己的内在力量》**(The Intention Experiment: Using Your Thoughts to Change Your Life and the World,** 2007)

Popper, Karl R. 1968. **The Logic of Scientific Discovery.** New York: Basic Books.

扫去历史文化千年尘封
再现传统智慧本地风光

赵海英
清华五道口金融学院博士生导师

认识南老师，是因为一个疑问。

1992 年，我美国博士毕业，来到香港科技大学任教。每日里，研究问题，教书育人，听海观潮，生活很是惬意。

1994 年夏，心里升起一个很大的疑问：生命到底是怎么回事？生命的意义到底是什么？后来我知道，这是几千年来人类追寻宇宙真理的大问，也是老师常常对人们的发问。

我把这个问题抛给了我的同事兼朋友吴教授。我知道他没有答案，因此给他的问题是：有没有这么一个人，或者这么一个地方，能回答这些问题。他说："有啊。"我说："那你带我去！"这是我的脾气，直截了当。就这样，我来到了南老师在香港的"人民公社"。

认识南老师之前，我完全不知道中国传统文化是何物，从没读过他的书，也不知道南老师为何许人也！因

为，我出生在"文革"时期，那时候在中国大陆，传统
文化被认为是反动的"四旧"，念过的古文仅限于中小
学课本里的那几篇寥寥可数的文章。

　　香港坚尼地道老师的会客寓所，地处半山，面向市
中心的香港公园，外号"人民公社"。那里有好茶喝，
有可口的"欧阳菜"（晚餐是一位叫欧阳哲的同学准备
的），有三教九流的访客。南老师一头白发，目光炯炯，
一袭传统的长袍或者中式衣裤，虽已经快八十岁了，但
声音洪亮，步履轻盈，连年轻人都赶不上。从傍晚六点
到深夜十一点是会客时间，客人们围坐在圆桌旁，听
南老师畅谈古往今来。老师才思敏捷，诗词经典信手拈
来，犹如活电脑一样；他智慧幽默，客厅里不断地笑语
欢畅。公园里还有一批特殊的"客人"，据说每日傍晚
六点左右，当老师和客人们陆陆续续来到坚尼地道时，
成群结队的白色鹦鹉也聚集在香港公园的大树上，与寓
所遥遥相望，好像也来听课一样。第二天一早，它们又
不知所踪了。日复一日，从来没有间断过。世界上大概
没有第二个这样的地方了。

　　我的第一印象：这里很好玩！而老师，就是一个智
慧的老顽童！

　　不知不觉间，在"贪玩"的过程中，我逐步了解了
中华文化的博大精深，深深地爱上了传统文化；并进一

步以古圣先贤为榜样，修身齐家、利益社会、利益国家。也许，这就是南老师的高明之处，润物细无声！如果他对我提出刻板的要求，以我这个经过破"四旧"洗礼，又喝了点洋墨水的年轻人，恐怕是不会在坚尼地道久待的。在那里，我比较系统地学习了传统文化知识，更重要的，我学习了怎样做人做事，老师是我的"经师"兼"人师"。

说起做人，只要在他耳目所到的范围内，老师对大家皆是观察入微、关心备至。客人来，老师必是起而迎之；客人离开，必是起而相送。看见客人有寒气侵入，一定给你送上由宏忍师调配的祛风药，也包你药到病除。

但是大家对老师的做法有时也有疑问。老师说，我就是一个大话头，你们参透了，就悟道了！比如，老师的有教无类，让很多人，有时甚至是跟随多年的学生困惑担心。我也曾经私下问过类似的问题：老师，这个人做过不该做的事，您为什么还对他这么好？老师说：好人需要教化，坏人更需要教化啊！在老师看来，他来到这里，想学习点东西，就是一念向善，就应该给他改变生命的机会。老子说："美之为美，斯恶矣。善之为善，斯不善矣！"经过十几年的磨砺，我也渐渐明白了、理解了。老师完全是因人施教，你需以什么面貌教化，他就以什么面貌出现。不少这样的人，就是在老师大机大用、嬉笑怒骂皆是文章的智慧教化下，而转身为一个利益社会的人。接受这样的学生需要胸怀和对世事的洞明，调教这样的学生需要智慧和人情练达的善巧。

关于读书的方法，我们也有存疑，认为背诵古文就是填鸭式教学法。老师推广儿童经典导读活动，叫孩子们在年轻记忆力最好的时候，运用轻松的诵读方法，自然记忆经典的文章，将来一辈子受用。老师自己就是在这种教育传统下长大的。我和李素美女士等一同去陕西、广东粤北等地的贫困小学推广经典导读，发现孩子们确实记忆力惊人，一段"大学之道"，重复几遍就基本上记下来了。南老师说："'经典'的古书，它本身的文字，便是'文学'的'艺术'作品，所以也叫它是好'文章'。好'文章'就是'文学'的'艺术'，一定可以朗朗上口，便是很有韵律的歌唱。……声声朗诵，那便是最高明的方法，使儿童不用绞尽脑汁去背记，自然而然进入记忆，一生到老也不容易忘掉。……只要有内行的好老师，懂得这种不是'注入'式的教育法，就可以自然而然到达'启发式'的'注入'效果了。"现代人把诵读法用错了地方，逼迫孩子背诵"小鸭子叫、小鸟儿飞"，甚至背诵很多其他无用的文章，那才是真正的填鸭。

　　对传统文化，我们也是有疑问的。中国近百年的积弱，很多人把这笔账算在了传统文化身上，认为这之乎者也、子曰之类，是罪魁祸首，一定要推翻重来，甚至全盘西化，方能挽狂澜于既倒。于是有了新文化运动，有了白话文运动，有了破"四旧"等等。我们这一代，经过了破"四旧"的洗礼，是读巴金的《家》、《春》、《秋》和鲁迅的《呐喊》等长大的。

　　的确，经过千年的变化，中国传统文化已经满目尘埃、斑驳陆离，已经失去了由上古而春秋战国而汉唐所积累的那种磅礴的气概，那种光芒四射的辉煌，转而变成扭曲人性、固步自封的酱缸。上古的中国是一个格局，经过春秋战国几百年的过渡，到秦朝，再到汉唐，达到另一个格局的顶峰。与上古的制度、文化相比，秦及汉唐既有制度的创新，也有文化的重整。中国传统文化在汉唐达到顶峰之后，其政治经济制度到文化思想，就再也没有突破那个格局，而只是在那个固定的格局里轮回、旋转，随着一个一个朝代的更替周而复始。

　　在老师看来，从宋朝理学开始，"把中国人，尤其是知识分子——读书人的所有思想，十足牢笼了一千多年，范围了知识分子的意识形态，大致都不敢越雷池一步"，士子成了没有勇气和胆识的儒生。"从明朝开始，把考取功名的作文格式，创制成一种特别文体，叫做

'八股'。……这种八股意识的发展，自清王朝下台以后，尤其厉害。在国民党当政时期，考试文章中，如果没有讲一点三民主义的党八股，就休想有出路"（《原本大学微言》）。

那种束缚，如紧箍咒一般，越来越紧，直到内忧外患的清末，迎来千年未遇之大变局。近代对传统文化的"清算"就是这种千年束缚的一种"反动"，是一次本能的"解放"。但"解放"了之后，中华文化又向何处去？中华民族扎根何处？则是留给现代中国人的一个大问题。

老师说：现代人最大的迷信是迷信科学，还有对"现代"的迷信。你们读过传统经典吗？没有读过，怎么知道不好呢？读过了，才有发言权。那读什么书呢？老师叫我读历史、读经典，莫读汉唐以后书。古人说，六经皆史也，古人的读书思考方法是"经史合参"。在我看来，老师做到了"经史合参"，透彻了中国几千年的传统智慧；同时，老师做到了"古今合参"，能够观今鉴古，古为今用；同时，他还做到了"中西合参"，在千年未遇之大变局下，融会贯通中西学术。南老师是让传统文化智慧与现代文明有机融合的现代智者。因此他建立了"东西精华协会"，认为人类再往前走，需要东西方智慧的融合，需要东西方智慧的两个轮子，东方需要向西方借镜，同理，西方也需要向东方借镜。

在这种背景下，南老师以其上下五千年、纵横十万里、经纶三大教、出入百家言的博大学问和胸怀，担起文化中兴的担子，直承汉唐之雄浑与磅礴，发起重整中华文化断层之伟业，修造一条人走的大路！他扫去了历史文化的千年尘封，再现了传统智慧的本地风光！他舍其糟粕、取其精华，所以有了一本本卓尔不群的"别裁"、"旁通"、"他说"、"杂说"等等，没有任何的宣传、推广，但读者以百万、千万计，三教九流、中国人外国人，受教者无数。

南老师是中华文化的集大成者及现代弘扬者，他自称白头宫女，在那里独自唠叨，那种心情，就像古人诗句说的：

> 净洗浓妆为阿谁　　子规声里劝人归
> 百花落尽啼无尽　　更向乱峰深处啼

南老师对中华文化的坚持令人敬佩，在人类日益被物所转的今天，其孤独寂寞也令人心痛。他说，"文化是人类民族的灵魂，尤其是一个国家民族，切不可自毁灵魂，但取躯壳的糟粕文明。更不可毁千秋的文化大业……那是必有自忏孟浪，后悔莫及的遗憾啊！"2009

年，在他最后一次大型禅七活动上，谈到中华文化的断层，九十多岁的老人泣不成声。这个老人，九十多年来，日夜耕耘，不辞辛劳。这是对这个民族、这个国家的担忧之心、拳拳之心啊！

能认识南师是我的幸运，让我领略了中国传统智慧的旖旎风光，生命从此有了着落，生命的疑问也有了答案。更幸运的是，由于工作时间比较灵活，得以有大块的时间随侍身边，有幸亲眼目睹一个生活在当代的"古者"，一个融合了当代精神和几千年文化沉淀的"贤者"，目睹他教化之出神入化，亲见一个个鲜活的案例，以及老师如珠之走盘的活学活用，才知道中华智慧的透彻与灵动。就像来辛国先生说的，老师本人比他的书还要精彩一百倍！亲临这一切，庶境之美，有不可言喻者！中华智慧犹如大海，沧海拾贝，我也有所得；与海通波，我亲身感受了其汪洋广阔！

南怀瑾的学问与修行

薛仁明
台湾学者、作家

　　南怀瑾先生去世半年多了，偶尔，还听到有人批评他。

　　相较于批评者，尊敬他的人，当然更多。南怀瑾的粉丝，层面甚广、范围颇大，三教九流都有。骂他的人，倒很集中，不外乎知识分子、学院学者，以及受他们影响的年轻人。

　　这些人，均雅好读书，也都颇有学问。不过，他们从不认为南怀瑾有学问，或者说，他们总觉得南怀瑾的学问大有问题。

　　南怀瑾有无学问，其实是个伪命题。真正的关键在于：他们和南怀瑾，本是迥然有别的两种人；所做的学问，更压根不同回事。

　　首先，南怀瑾读书极多极广，却绝非一般所说的学者。他没有学问的包袱，也不受学问所累。南怀瑾素非皓首穷经之人，更非埋首书斋之辈。他不以学问为专业，也不让学问自成一物。他对实务的真实感极强，对生命之谛观与世局之照察，均非学者可望其项背。他是修行人，也是个纵横家。他是传奇人物，也是个在世间与出世间从容自在出出入入之人。因此，他的影响力，不只在于对中国传统文化有兴趣之人，更遍在于民间的三教与九流。

再者，学院一向专业主义挂帅，逢人便问，研究的是甚么专业？南怀瑾没啥专业，是个通人。在学问的路上，他没太多师承，也没明显的路数。他自私塾读完书后，参访四方、行走江湖，既俯仰于天地，又植根于中华大地，然后，向上一跃，直接就"走向源头"（林谷芳先生语），再从学问的源头处立言。因此，气魄极大，视野也极辽阔。他将文史哲艺道打成一片，不受学术规范所缚，也不受学术流派所限，更不管枝节末微的是非与对错；他行文论事，总信手拈来，左右逢源；言说之方式，更是不拘一格。因此，他的书可风动四方，也可让没啥学问的人读之歆喜。于是，明白者，知其汪洋阂肆、难以方物；不知者，便难免有"随便说说"、"野狐禅"之讥了。

南怀瑾的心量与视野，又迥异于一般谈传统学问常见的那种宋以后的格局。宋之前与宋以后，差异极大，攸关至巨。宋之后，士专于儒，而儒又闭锁，士遂萎缩。士的萎缩，导致理学家的大谈心性，也导致晚明文人的耽溺风雅，还导致乾嘉士人埋葬于故纸堆里的考据学问。而今两岸的中文学界，仍多是这三个系统的分支与衍生；能昂然挣脱者，其实不多。也正因如此，越到后头，谈中国学问的读书人给人的印象，常常要不就酸、要不便腐，要不就充斥着门户之见的意气之争。换言之，自宋以后，士人的整体格局，忽地变小；该有的气象，也已然不再了。

南怀瑾不然。南怀瑾直承汉唐气象，兼有战国策士的灵动与活泼，同时又出入于儒、释、道三家。于禅，独步当今；《禅海蠡测》，尤其精要。但他的《论语别裁》，却风靡无数，最是脍炙人口。究其原因，或以其通俗易懂，但更紧要的，其实是全无宋儒以降之酸腐味也。当然，以专业角度来看，《论语别裁》细节上的谬误，其实甚繁；章句的解说，更多差池。正因如此，向来强调专业主义、执著于细节真伪对错的两岸学者均不以为贵；不仅长期忽视之，甚至还一直蔑视之。只要谈起《论语别裁》，几乎就是不屑一顾。然而，《论语别裁》的价值，本不在于细节的是非与对错。该书之可贵，是在于跨越了宋以后的格局，直接再现中国学问该有的宏观与融通。有此宏观与融通，便可使学问处处皆活，立地成真。

南怀瑾在《论语别裁》一书中，帮孔子添了不少禅家及纵横家的气味；这与孔子的原貌，当然颇有落差。

可是，这种新鲜味，肯定很符合孔子之心意；如此空气多流通，更是契合于孔子。南怀瑾即使说错，孔子看了也觉得有意思。孔子最异于后代儒者，即在这空气之多流通；因空气多流通，孔子与时人多有言笑，也可闻风相悦。除了《论语》，南怀瑾又看重《孔子家语》。《孔子家语》朗豁而不拘一格，许多"正经"的儒者以及"认真"的考据家都说是伪书，可南怀瑾从不计较那书伪或不伪，只矢切那心意真或不真。

事实上，凡事都该空气多流通。空气流通，才可呼吸吞吐，学问才会有气象。学问如此，为人亦如此。曾有南怀瑾的学生说，南"比江湖还江湖"；另一个学生则看南怀瑾"不管如何歪魔邪道的人物，他照样来者不拒"，别人怎么议论，南也从不理会，遂看得"既惊又怕"；后来总算渐渐明白，才由衷佩服，言道，"南老师是既可入佛，又可入魔的老师"。

这般江湖、这般吞吐开阖，当然迥异于今日学问之人，也有别于宋以后的主流儒者。南怀瑾若相较于古人，先秦迢远，暂且不说；在汉唐的典型士人中，张良运筹帷幄，决胜千里，是个黄老。诸葛亮通阴阳、擅兵阵，民间至今津津乐道其计谋活泼；京戏里的孔明，还穿着一袭八卦服。他二人，一兴汉，一扶汉。数百年之后，又有奠基大唐盛世的贞观名臣魏征，刚毅严正，其年少学问的根基，却是纵横家；至于唐代中兴名臣李泌，史册说他与肃宗"出则联辔，寝则对榻"，自称"山人"，行军于君侧，则是一身的白色道袍。

南怀瑾呢？南怀瑾讲佛经、说儒典、谈老庄，此外，也颇涉谋略之学，分别讲过《素书》、《反经》、《太公兵法》；其人有王佐之才，其学堪任王者之师。尝被举荐于台湾当局，亦曾为蒋经国所重视。但作为一个领导者，蒋经国好忌雄猜，其实容不下有王者师姿态的人；他喜欢的，是忠诚勤恳之技术官僚。南怀瑾为人不羁，且大才盘盘，门人又多一时显要，旋即遭蒋经国所忌。南见微知渐，遂毅然离台赴美。

南怀瑾讲述的《反经》，又称《长短经》，谈的是"王霸之学"的纵横之术。南怀瑾言道，"长短之学和太极拳的原理一样，以四两拨千斤的本事举重若轻"，正因举重若轻，又能出能入，因此，长短之学不仅通于太极拳，更可通于凡百之艺。凡事若能"中"（去声），能准确地命中要害，才可能举重若轻。大家熟知的庖丁解牛，就因能"中"其肯綮，故"恢恢乎其于游刃必有余地"，那正是艺之极致——不仅神乎其技，更近乎道矣。

孔子也深契于"中"，故能游。孔子说，"游于艺"；盖其生命有回旋余裕，可优哉游哉。相较于后世儒者，孔子多了"无可无不可"；于是在俯仰之间、进退之际，遂有回旋余裕可资优游。艺是生命之回旋余裕而化为各种造形，因此，艺也通于游戏。至于"王霸之学"所谈的谋略，则是天意人事在恰恰一机的游戏之姿。凡长于此者，多跌宕自喜之徒。因此，曹孟德诗，最称独绝；近世毛润之，亦颇有诗才。李白好任侠，志在"王霸之学"，为人跌宕自喜，诗遂成千古绝唱。

南怀瑾善谋略，也通于诸艺。他学得一身武艺，平日不轻易显露，但仍教过国民党大老马纪壮、刘安祺等人打太极拳。他又通医术，会帮学生开方子。南之门人孙毓芹，古琴界尊称"孙公"，乃数十年来台湾最重要之琴人，其在台湾的古琴因缘就是由南怀瑾而起。又佛教梵唱有"苏派"，当年在台传人，唯有戒德老和尚，南为延请至台北的"十方丛林"书院传授唱诵，还亲自顶礼恭请。此外，南怀瑾也写诗填词，另有一手清逸的好字。直到九十三岁，他还示范吟唱杜甫《兵车行》，声若洪钟，音正腔圆，据现场与闻者形容，"气势如壮年，音清如少儿"。

当然，南怀瑾最突出的，还是他的修行。他的修行，与他的学问，从来就是一体的。南怀瑾对于修行，不仅知得，更能证得；体道之深，当世鲜少有人能比。他道业有成，道名天下扬；不管是两岸三地，或是海内海外，折服于他的，多半是缘于修行。可当代的知识分子，恰恰离修行最远；甚至连甚么是"道"，他们都只有概念的分析，却从来无有生命之实证。

知识分子因不知修行，常常书读得越多，越把自己搞得满脸浮躁、一身郁结。结果，这些读书甚多、自认一身学问却又不时为躁郁所苦的读书人，竟对年逾九十都还神清气爽、满脸通透的南怀瑾大肆批评。

这真是件怪事。不是吗？

南怀瑾：正确认识我们自己和我们的时代

雷蒙（Joshua C. Ramo）
基辛格事务所（Kissinger Associates, Inc.）副总裁

"正名"是中国哲学最基础的概念，很难想象有任何比它更基本的哲学概念了。如果我们使用的标签、名称是错的，怎么能够把握我们自己、把握这个世界或我们的想法呢？学习中国哲学，首先相遇的，可能就是这个概念。

文字非常重要，否则就无法踏上学习中国哲学的历程。所以，我和南老师第一次见面，他就注意到了我的名字问题，也许我并不应该感到意外。

那天我和南老师只是简短地交谈了一会儿，接着就和大家一起晚餐，边吃边聊，像开研讨会一样。那是在太湖之畔，春寒料峭，淡淡的灯光下，大家围着圆桌团团而坐。如往常一样，南老师手里夹着根香烟。谈论的话题主要是打坐和修行的问题。讨论接近尾声，南老师准备离席了——他步伐很轻快，会让第一次见到的人很惊讶，他可是在电话普及使用之前就出生的一位老人哦——他停了一会儿，又问起我的名字来。

"雷蒙是一个好名字"，他说道，"谁给你起的名字？"

我以为他听错了我的名字，纠正他道："实际上我的名字是雷默。"

"这个名字不好"，他说道，"这个名字是怎么来的？"

我解释说，"雷默"这个名字和我的英文名字发音类似，同时反映了对立统一的传统概念，我的名字中就是"雷声"和"沉默"。

"不对"，他说，"你这不是对立统一，是矛盾。两个都不是，不可能有沉默的雷嘛，也不可能有雷鸣般的沉默嘛。这对你是个阻碍。"

他停了会儿，然后说："你应该叫雷蒙。"他端详着我，重复道："雷蒙。"然后他转过身去，用他特有的诙谐和幽默，对我的朋友亲切地打趣道："雷蒙，很可爱。"

我不时回想这一幕，这其实是他给我上的重要一课，我和南老师的交流中蕴含着老子"见微知著"的思想。我和老师的每一次会面，包括我们第一次见面，都能窥见南老师的独特教育方式以及他给我们留下的遗产。

比如，南老师当时并非只是在讲我的名字。他要确定，从我开始跟他学习的第一天开始，就要有一个正确的基础。他坚持，作为学生的我，对自己的名字应该认真考量并予以修正。这种严谨正是他教学的特点。如果你去读他的《金刚经说什么》，就可以感受到，他正是通过对经典中每个词的原意的正确解读，来传承两千五百年的传统文化的。这是最重要的原则：每个字，甚至在无法用文字说明时，都必须有正确的理解。

南老师在"调整"我的名字时，也指出了一个关于文字和名称的重要事实。名字不仅指代事物，也在很大程度上决定了所命名事物的命运；决定了事物的运行及事物的真正意义。我原来的名字似乎意味着我要一件事——维持喧嚣和安静之间的平衡。但正如南老师所解释的，这个名字起到了其他作用；它阻碍了能量的流动。这不仅是语法上的深刻见解，更是对我的名字和生活之间关系在心理层面上的深刻见解。南老师总是关注着事物的真正含义，而不是表面含义，不管是政治层面，修行或者"道"。在他看来，文字的真正意义本身就是一种行动。

同学们与南老师一起吃晚饭时，大家会谈到我感兴趣的一些话题，如政治、权力和哲学方面的问题。而每当轮到我发言时，老师总是不断地追问我名字、意义和内涵。这些教诲让我直接目睹了他的教学风格。他并非追求西方观念中的文字精确，对他来说，西方概念中的精确是个伪概念，因为无法达到真正意义上的准确。他所要的那种精确，是任何标签、文字都无法实现的。南老师追求的是更深层次的准确，非准确的准确。

他通过许多方式显示了这一点，包括他的教学方法。他似乎认为事物的意义不仅由事物本身决定，还同样由其环境决定。所以整个环境中的所有事物都是创造意义的工具，一花一叶，皆是道中物！在传道授业上，南老师运用的不仅是书上的文字、耳朵听的话语，而是学生全体身心的所思所感。他运用情绪和情感之娴熟，就像西方逻辑学家运用计算尺一样。他前一分钟还笑着说着观点；下一分钟就能让他的学生因为沮丧和困惑而恼怒。南老师的教学是讨论会式的，他传道的方法非常善巧，不仅仅用他自己的学识，还考虑学生们的知识，并调动同学们的各种情绪和冀望。其他的传统都是强调通过"看"或"听"来领悟。南老师希望学生全面感受、彻底领悟，从内而外，全身心的，一种感官或一条道路是不够的。这是我接触过的最有见识和最强有力的教学方法。

我曾花很长时间思考南老师曾经教我的关于权力、政治和外交关系的一课。南老师认为我们正经历一场划时代的变革，这次变化的深刻性不亚于——甚至超过——西方启蒙运动及工业革命或中国春秋时期的变革。他对我讲到如何在这样一个时代生活并活得有意义时，讲解了战国时代的著名谋略家苏秦的故事。他说，我应该学习苏秦在混乱年代的成功外交。他讲到了苏秦"悬梁刺股"的故事：苏秦受到羞辱，下定决心，发奋读书，为了在学习时保持清醒，把头发绑在房梁上，拿锥子刺自己的大腿。

　　南老师鼓励我遵循类似的道路。他说，"如果你足够努力、足够用功，甚至可以超过你的导师基辛格！"我花了很长时间思考南老师说这番话到底是什么意思。苏秦那几年的苦学到底学到了什么？他是怎么学的？一个政治家最需要领悟什么？苏秦除了读史，显然还下了其他功夫。最后我明白，那是苏秦对自身灵魂和心灵的精确勾勒。本着《大学》的精神，他进行了一次内心之旅。他训练的是自己的直觉，因为在一个无法预测的乱世，我们唯一的办法是依靠自己的直觉。这个顿悟改变了我的生活。

　　南老师的这个观点和我的导师基辛格给我的第一个关于谈判的建议不谋而合："Joshua，你应该了解和你打交道的人的心理。在此之前，你不应采取任何行动。"基辛格博士认为要通过看清对方的内心才能明了局势、发挥影响力；而南老师希望我看清楚自己的内心。他穷其一生，不断改进、保留和传授几千年来最适合这项工作的方法。

一个世纪以来，也许找不出另一个学者能像他那样博学广闻，授业解惑。这也使他敏锐地感觉到我们所有人周围发生的事情，不仅仅是我们内心。他对我们提出的基本问题仍然是：如何在一个巨变的时代中生活。这也是为什么他如此受人尊重。他提醒我们要仔细做好准备，从某种意义上要像苏秦那样。我们要准备好，做到正确地看问题（正见），然后在正确的时间采取正确的行动（正行）。这要从我们对自己的称呼做起，所以现在我名叫"雷蒙"。

Nan Huai-Chin and The Accurate View of Our Age and Ourselves

Joshua Cooper Ramo
Vice Chairman
Kissinger Associates, Inc.

"The Rectification of Names" 正名 is among the very first ideas that any student of Chinese philosophy encounters. It's hard to think of any idea, in any philosophy, that is more fundamental: How can we govern ourselves our or world or our ideas if the labels and names we use are wrong?

Words matter a great deal. One cannot begin a step down any of the roads of Chinese philosophy without proper names. So perhaps it should have been no surprise to me that the problem of names concerned Master Nan as well, and that he would take it up instantly with me the first time we met.

Master Nan and I had spoken only briefly before a handful of guests sat down together with him to one of his seminar-style small dinners. It was spring in Taihu, but the weather was still cold, and most of us were clustered together around a small dinner table under dim lights. As usual, he had a cigarette in his hand. The conversation had revolved around problems of meditation and cultivation. He stopped for a moment as we concluded a discussion and before he headed off for the evening—with that very fast walk of his that made you startled someone born before telephones were common could move so fast—he asked my name again.

"雷蒙 . That is a good name," he said. "Who gave it to you?"

I realized he had misheard and corrected him: "Actually, my name is 雷默 ."

"That is not a good name," he said. "Where did it come from?"

I explained that the name sounded like my English name and that the characters had been selected to reflect the traditional idea of a balance of opposites, of thunder and silence in this case.

"No," he said. "This is not a balance of opposites. It is a contradiction. It makes it impossible to be either. You cannot have thunder that is silent. You cannot have silence that is thunderous. This is a block for you."

He paused for a moment and then said: "Your name should be 雷蒙 ." He looked at me carefully and said it again: "雷蒙 ." Then, in that inimitable joking way he had, he turned to a friend of mine and said, flatly but with a bit of grin: "雷蒙， 很可爱 ."

As I have reflected on it over the years, this was a powerful lesson he was giving me. That Taoist idea that the whole is often visible in the part, was at work in my interaction with him as well: Everything about his teaching method, about the legacy he has left us, was visible in almost every encounter with Nan Huai-Chin, including my very first meeting.

For instance, Nan was not only speaking about my name. He was making sure, on my first day of study with him that my most basic foundation was correct. He was insisting that as a student this most fundamental thing—my own name—should be examined and brought to right-seeing. This sort of precision is a mark of his teaching. Read his long, line-by-line discussion of the Diamond Sutra and you can sense very quickly that this emphasis on word-by-word fundamentals is essential to the nature of the role he played in the transmission of 2,500 year old ideas. This is real discipline: Right understanding must extend to a proper understanding of every single character, even when that understanding is not always something that can be put into words.

When he "adjusted" my name, he was also pointing at an important fact about how words and names work. They don't only identify objects, they determine a great deal about the life of the objects that are being named: how they move and act and what they really mean. My old name had seemed to me to do one thing—uphold a harmonious balance between loud and quiet. It fact it was doing something else, as he explained: it was blocking the flow of energy. This was as much a psychological insight about my name and my life as it was a grammatical one. Master Nan was always concerned with the problem of what things really mean: politics, enlightenment, tao. But for him meaning was a kind of action.

Whenever I had to take my turn at those dinner conversations with him and other students talking about the problems of interest to me—usually problems of politics and power and philosophy—he would chase me relentlessly with questions about names and meanings and intentions. In these lessons I had a chance to see his teaching style at work. He was not after precision in the Western sense of the world. For him our Western precision was fake in a sense, it pretended to an exactness that no label could ever really achieve. Nan was after an even deeper exactness, the exactness of non-exactness.

He showed me this in many ways, not least in the way he taught. He seemed to believe that meaning was really determined by the environment as much as by the object you are trying to name So everything in the overall environment was a tool for creating meaning. Partly this was because every object held a place in the Tao. When it came to teaching, this meant that what mattered to Nan was often not only what was on the page but what was in the hearts and minds of his students as well. He would use emotion when he was teaching the way a Western logician might use a slide-rule: one moment he'd laugh his way through a point he'd be making; the next he'd make a student angry with frustration and confusion. Nan was conducting a seminar but the tools were not only his knowledge but also the knowledge of his students, their emotions, their hopes. In other traditions people "see" enlightenment or "hear" enlightenment. Nan wanted his students to completely feel enlightenment, from the inside out, so no one sense or path was sufficient. It was the most mindful and powerfully effective way of teaching I have ever encountered.

I once spent a long time thinking over a lesson Nan was trying to teach me in a discussion about power and politics and diplomacy. Nan believed we are living in a period of really epochal change, that our world is about to be altered in ways as profound—maybe more profound—than the change that was brought by the industrial revolution and enlightenment in the West or than the Spring and Autumn period in China. When he and I began a discussion about how to live and how to have a life that mattered in such an era, he recited the story of Su Qin, the famous strategist of the Warring States Period. He said I should study in how Su Qin had succeeded with diplomacy during a period of total chaos. He recounted the intense study, the famous story of Su Qin's humiliation and how he became so intent on learning that he would tie his hair to a beam and stab his leg with a knife to stay awake. 悬梁刺股！

So Master Nan encouraged me to follow a similar path. He said, "If you work hard enough, if you push hard enough, you can surpass even your mentor Kissinger!" I have spent a lot of time thinking what Nan exactly meant. What did Su Qin learn in those years of study? How did he learn it? What sort of enlightenment best suits a statesman? Beyond the history that he read, clearly something else was emerging. I have come to understand that it was an exact mapping of his own soul and mind. That in the spirit of 大学 he was beginning in a way on the inside. He was training his instincts because when we are confronted with a world that is chaotic and unpredictable our only tool really is our instinct. It was an insight that changed how I live my life.

Perhaps this is partly because Nan's idea seems very much a matched-pair to the very first advice Master Kissinger ever gave me about negotiating: "Joshua, you must understand the psychology of the person you are dealing with. Before you do, you must not make a single move." Master Kissinger believed clarity and power must involve looking into the heart of another; Master Nan wanted to look into my own heart. And his life's work was in refining, saving and teaching about the tools that for thousands of years have been best suited to this work.

Probably no scholar in the last century mastered the broad number of concepts and ideas he did to handle this task. But this gave him an acute feeling for what was going on outside all of us, not just inside of us. The essential problem he raises for us still is that he asks: How to live in an age of great upheaval. This is the reason he is so revered. He offers an essential reminder is that we must prepare ourselves meticulously, like Su Qin in a sense. And this preparation must occur in a way that aligns us for right seeing, then right actions at the right time. This begins even with what we call ourselves, which is why I am now 雷蒙.

（编者按：2012 年 1 月 24 日，雷蒙带着他给南老师的中文信，再次来访南师。现将该函附载如下）

尊敬的南大师：

非常荣幸能够再次和您面谈。下面介绍一下这次拜访您的缘由。

我的上一本书《不可思议的年代》指出，在当今世界，一些无法想象的事情正变得愈加平常：金融崩溃、极端政治变动、技术飞跃。我在书中探讨了导致了这一现象的原因，以及如何应对。该书以 20 种语言出版，并成为畅销书（尽管还达不到南大师著作的畅销水平）。当然，我发现南大师在早期的演讲中，早已预见当今世界发生的许多事情。

我的下一本书，是希望更深入地探讨如何面对这样的世界。作为个人也好，作为国家也好，我深信，我在东方哲学中接触到的诸多思想，在这方面都很有用。而南大师对东方哲学，已进行了非常清晰的讲授。如您所知，我从我的老师基辛格博士处，得到西方思想的全面训练，但这仅仅是非常特定的一种教育。我从青少年时期就开始研究禅宗的临济宗，所以我想看看，以禅宗的思想和南大师特长的传统文化，能否与多种学科的思想综合起来——并和我曾工作过的技术性的世界结合起来——写成一本书，向读者介绍这些新的概念和思想（尽管这些思想是非常古老和基本的），从而改变人们的思维方式。

> **南师说：** 这句话一般人都是误解的，实际上所有人文文化最古老的，都是最平凡的，也都是最高深的。但是一般人认为，现在超过古老，这完全是错误的。

我求知心切，希望通过诚实努力，将新的思维方式介绍给面对复杂世界的人们。我认为，传播知识就是功德，让这个世界变得更加美好。我有一个强烈的信念：所有人都应该尽量发挥创造力，并有责任心。这一信念促使我致力于推动中美关系的工作，同时也促使我不断寻求新想法和思维方式，能够将您和您的思想，介绍给更多西方人。对于我来说，这是非常宝贵的机会。

话题一：这个时代的性质

南大师常常谈到我们生活的这个时代，谈到这个时代突出的特点。在大师的一些文章中，将它描述成一个变迁的复杂时代，我希望能更深入地了解大师在这方面的观点，并学习大师对这个时代突出特点的认识，以及如何应对。我想知道在大师看来，历史上哪些时期和当今时代类似；还想了解大师认为个人或政府，可以参考哪些有用的经典文本和思想。

我认为在某种程度上，我们的世界正回归到启蒙运动和工业革命之前的状态。启蒙运动和工业革命两大过程，使得人们认为，可将世界理解为一系列规则，从而产生了一种想法，认为科学可以解释所有的事情。启蒙运动的主旨，是在打破宗教、经济和政治力量的不对称。而我认为，我们正回到一个不对称的时代，一个科学无法解释所有事物的时代，一个需要充分利用多种不同思维方式的时代。

南师说：这观念是错误的，你认为现在正回到一个不对称时代等等，这些都是小现象，如轻云淡雾而过。二十一世纪开始是非常复杂的，不可以拿这些观念来说明这个现象。这在西方哲学并没有合适的解说，只好借用东方印度佛学有个名称来说明，叫做"劫数"。

在这方面来说，东方学者的思想是必要的，但同时也意味着我们要学会加强自身修养。

话题二：从关系看问题

　　我希望提出的一个观点是，我们正从一个可以（或似乎可以）理解其规则的世界，过渡到一个不断变动的、许多规则将不再有效的世界。在这样的世界中，最重要的是关系。所以我希望在书中描述这一发现、理解，并利用关系的力量，作为本书的核心主题。南大师提到，这在修炼或冥想的最高阶段就可见识到（了解了）。

　　今天，在这个世界上最成功的许多人，无论是对冲基金经理或政治人物，都发现到，甚至本能地感觉到——关系的力量。我希望讨论静谧、冥想、修身等概念，并讨论它们如何帮助我们发现事情的开端和关系。

　　南师说：我讲的是东方的禅，禅不是冥想。冥想是印度古老哲学数论学派的思想。但是现在西方人提倡的"禅与生命科学的认知"都以冥想为最高，在我认为是百分百的错误。

话题三：训练头脑

　　南大师的著作介绍了多种不同的训练技巧。我想看看我们能否开发出一套实用的训练计划，我想亲身体验这套训练计划，看能从亲身体验（而不是思考）中学到什么。我希望设计出一套阅读和冥想方案，帮助在这方面极少有训练的普通人有所领悟。我设想的对象是，首次接触东方思想的美国商人或政治人物。

南师说：别的慢慢再讲。我讲过，十九世纪威胁人类的是肺病，二十世纪是癌症，二十一世纪是精神病与神经病，现在正开始。尤其这个世纪是非常混乱的，所谓精神病与神经病，不只是说人的身体方面，包括全体人类的政治、军事、经济、教育、文化与医学等等都在内。你想做的方案，必须把西方古代的哲学，如希腊哲学苏格拉底、亚里斯多德这些哲学思想，与东方的禅学相结合。

我想设计一套可以向读者详细介绍的训练计划，并鼓励他们在更广泛的层面上进行尝试。南大师的著作如《禅话》或《习禅录影》，使我感到大师对禅和修身方法，持有非常实际的观点。我想进一步探究这一精神，介绍给读者，并鼓励他们尝试。

南师说：你所看到的都是我过去所有书上说的，是禅的边缘。我正想在今年开始配合"禅与认知科学及生命科学"正式开讲，你光是在我书上看到的是不够的，有机会带翻译来学习。

话题四：传记

我还想了解一下南大师的个人背景，以及大师在多样的经历中的收获。我曾经是个记者，为美国《时代周刊》杂志写过许多封面人物的文章，包括两篇"年度人物"报道。我觉得对一个人作"传记式"的了解很有用，而南大师的人生如此多彩，我希望能够进一步了解。比如：什么吸引大师去了峨眉山？从不同的老师身上学到了什么？个人的研究中有哪些格外难忘的挑战？所经历的抗日战争时期，和抗战时期的中国是什么样子？如何平衡家庭生活？等等。

南师说：我的这一生，有很多名记者、学者要为我写传记，我一概推辞，不让他们写，除非我自己写，因为我的一生太复杂了，写成小说可以给大家做参考。

我在后页详细列出了希望讨论的问题，但具体谈哪些，由您决定。

再次感谢您的帮助。我的目标是找寻新的思维方法，同时尽可能地在东西方之间搭建桥梁。

南师总回复：须研究《楞伽经》、禅密、唯心意识学系。

2012 年 1 月 24 日

南老师与生命科学

朱迺欣
原美国加州大学医学院教授
原台湾长庚医院脑神经内科主任、荣誉副院长

早期的生命科学

其实，南老师很早就对生命科学有兴趣。

1993 年，我们经由老友陈定国教授夫妇的介绍，认识了当时住在香港的南老师。那时，我已回到台湾的长庚医学院和林口总院，正在做锰中毒引起的巴金森症，以及应用针灸针当蝶骨电极记录颞叶癫痫症（temporal lobe epilepsy）的放电。我把后者称为"中医西用"。

老师对我的研究，极感兴趣，后来还安排我去厦门大学学习中医。我在那里遇到宏忍师，我们可以说是同学。可惜，我没有像宏忍师那样对中医继续深造。

南老师与我"一见如故"，吃晚饭时，老师叫我坐在他旁边（右边）。出乎意料之外，整个吃饭期间，沉默寡言的我，竟喋喋不休地与老师热烈交谈，也令一些神情战战兢兢的身边弟子，感到不可思议。

我们会"一见如故"，主要原因可能是，南老师对

生命科学有兴趣，也对脑科学有兴趣，他一再问脑科学的最新发展，也问一些意识方面的问题。

临走时，老师叮咛道："下次过香港，欢迎再来聊聊"。

几次的交谈，老师给我的启示如下：

1. 中西医需整合。

2. 对学医和学佛的人，生命科学很重要，要好好研究。

3. 静坐是探索心灵的踏板。

大哉心乎

南老师特别重视心灵的生命科学，即所谓的认知科学。

1994 年，老师在厦门南普陀寺举办禅七活动时，我们很幸运被邀请参加，让我们体会到静下心来的东方静坐冥想（meditation）的好处。这是我们第一次打禅七，终生难忘。

此后，与老师多次接触的受教中，我记得老师谈到：

1. 静坐是探索心灵的好开始。

2. 静坐的效果是意识问题，应会改变脑的运作。

3. 最好找资深的禅修者做实验。

我笑着说："老师，我可以记录你的脑波吗？"老师笑而不答。

老师的灼知远见，我在几年后才了解：

例如，我的神经科老师奥斯汀（James H.Austin）教授，他的经典著作《禅与脑》（Zen and the Brain）的副题（Subtitle）是"了解冥想与意识"（Toward an Understanding of Meditation and Consciousness）。所以，正如老师所说，打坐牵涉到意识问题。

另外，由戴维森（Richard Davidson）教授领导的威斯康辛大学的研究群，能在静坐研究有所突破，主要还是因为对一些资深喇嘛做实验的结果，这些资深喇嘛的实际打坐时数是一万小时左右。由此可见，老师在多年前就想到对资深禅修者做实验的好处与重要性。

关注中国传统文化和中医的发展

老师是当代的大师，他很关注中华传统文化和中医在现代的发展。

在对中医的看法上，老师赞同英国学者李约瑟的观点，李约瑟说："今天很多人一想到中医，就凭空认为只是一种土医，是古怪而又极为落伍的东西，是毫无意义的古董。事实上，以这样的态度来看它，完全错了。我们应当说，它是极为伟大的文化产物"。

早在几十年前，老师在《如何修证佛法》中说道："我们今天学禅，要开创新方法，不能再用老法子……科学时代要科学禅，要把心理分析得清清楚楚。今天科学愈发达，对我们学佛学道愈有帮助……。科学在进步，所以学禅要改个方法。"但在《小言黄帝内经与生命科学》里，老师却提醒我们："现代人最讨厌的是太迷信科学，比迷信宗教还可怕。……西方文化讲卫生，我们中国讲养生，是积极的。"老师还说："医心病最难。真的能治心病的是佛家、道家、老庄，这是中国文化最高的。……《黄帝内经》有个主要观念，与道家讲的相同，生命重要的是养生、保养，不是卫生。西方文化讲的卫生，是消极的。"

不是复古　是要维护中华文化

有人批评老师在复古，古国治反驳说："南老师是中国文化的爱好者、护持者、推广者、实践者，为此出钱出力，舍家舍财舍命，但非一味的复古，也并非一味的排斥西方文化。他的理想是融合东西方文化之精华，所以在台湾创立了东西精华协会。"

太湖大学堂成立后，老师说："真正研究，还要买最新的脑部仪器等等，还要医生配合科学的研究。不是在这里天天打打坐，听这些古老的东西，而是要将古老的旧文化变成现代的，才能领导人类世界走进一个新的文化里程，这是我所理想的一条路。"（《禅与生命的认知初讲》P193）

除此，老师还要研究宗教的生命科学，尤其是"佛法里的生命科学"。

这样看来，老师的理想，应是任重而道远，不但包括生命科学，还包括中华文化。

我从南老师学了些什么

林苍生
原台湾统一企业总裁

就像散布在全世界各地千千万万的学生那样，我也常把"南老师"三个字挂在嘴边，就在这么一个不知不觉的当中，南老师影响了我的一生。

应该四十多年了吧！那时少不更事，却很想上进，因为萧政之先生的引介，我得以有机会会见南老师。那时，不知什么原因，我很怕被看出没有修行的内在空虚。南老师问我，有什么问题吗？为什么要找我？那亲切，在我从小严格的家风中是很少体会到的，我一下子动员了所有脑筋的智慧说："不知什么原因，我从小会在脑后，有一个很微细的高频率像笛子声音的音响，在心地安静的时候就会跑出来。"这是真的，但问题好像很蠢。

没想到，南老师二话不说，就请李淑君拿出一本厚厚的《楞严经》，一下子翻到第二十五圆通，从"初于闻中，入流亡所"讲起，有条理，有理路，但有许多我听不明白的地方，尤其说到"动静二相，了然不生"，更是不敢相信，人的意识真有这么一个可以进入的状态吗？说到"尽闻不住，觉所觉空"，我就茫然不知所措了。

从此之后，这观音菩萨的入流方法，成为我常常要去摸索的领域。甚至"动静二相，了然不生"，已变成像"唵嘛尼叭咪吽"那样，成为我的随身咒语了。但了然不生时，死寂一片会是什么境界呢？那疑团始终在心头盘旋。

我曾经这么思考"动静二相，了然不生"，意思是有声音与没有声音完全是一体的。那么我们如何进入这声音与非声音的世界不起分别呢？太难了，老子说大音希声，在声音的背后，仍有个更大的声音，但太大了，反而我们听不见。那么，"动静二相，了然不生"是指这个声音与非声音融合在一起，听起来没有声音的"安静"吗？

那么，我们心灵觉得安静，是真的或是假的呢？因此，我常把声音看做非声音，而要把非声音看成什么，就找不到答案了。我在这"动静二相，了然不生"的句下困惑至今，总是百年钻故纸，不得其解。

虽然不得其解，我逐渐体会到，唱歌时一个音与一个音的中间，有个空白，那空白与声音虽非混在一体，但从学科学的角度来看，我逐渐体会出，声音与声音之间的空白，与声音是不同次元的，我们怎么由声音的次元，进入更高的次元，才是体会"动静二相，了然不生"的门路吧！

这就好像参话头，"话语"与"话头"是不同次元的领域，所以如何参，如何钻，总是不容易参出个所以然来。我们的思想是能量，思想复杂，消耗的能量就多，如只念一个佛号或咒语或将思想集中在一个参话头上，所使用的能量就少多了。所以净土的念佛是个很好的法门，其所消耗的能量较少，虽然较少，仍然是消耗了能量。因此，禅门古德说要"向上一路，更上层楼"，意即要由念佛的单一念头，更进一步到"无念"，无念才是更高次元，无念才是声音的背后，能了然不生的源头。

当初老师的一席话，加上以后李淑君总是把老师的录音带寄来台南给我，所以虽然无法亲临老师许许多多的课堂珠玑，而那录音带的智能，是我至今仍念念不忘的恩德。总计起来，老师的录音带我不知听了多少卷，总之，由没有学问进步到好像有学问。而且也因"动静二相，了然不生"的濡染，我由没有修行变得好像有修行，我一生至今，没有变坏，没有在社会洪流或是生意场所的洪流中被淹没而变坏，我相信老师给我的启发是不可言喻的重要。

我的工作生涯中，刚好是台湾由农业社会转型进入工业社会的这一段期间，在那敦朴的社会中做生意，应酬常常是做成生意的关键。我因此学会了喝酒，在喝酒的文化里要学坏很快，要学好除非有李白或李清照的才气。我自思不及，所以我有一段时间吃素不抽烟不喝酒，学习做一个虽谈不上是圣人，也应可说是生意场所的规矩人或好人。有一天，我很自豪地向老师说，我吃素不喝酒不抽烟已经六年了，对一个抽烟喝酒二十几年的年轻人来说，这六年可真是够伟大的了。没有想到，老师竟然说："苍生啊！你的世缘深，不应吃素，也不应不喝酒。"这真是如雷一霹的回答，我愣住了。也从那时起我又开始喝酒。但喝酒的拿捏，就像声音的"动静二相，了然不生"的学习，我希望也能做到"醒醉二相，了然不生"的微醺境界，但真的难矣。要在"会须一饮三百杯"的豪气中，与打坐念佛的平静心灵间找到平衡点，似乎比参"动静二相"更难。虽然如此，我确实没有在生意场所的追逐中迷失，老师的谈笑风生，以及谈笑风生中的智慧，是我每每能拿捏得当的原因。那拿捏在于豪放与平静的背后有一个更高的次元要去体会。无极会生出阴阳太极，无极的次元一定要比太极的次元高，因此，如果豪放是阳，平静是阴，那么在豪放与平静的更上次元是什么呢？老子说的"知白守黑"，当你知道白的豪放时，仍要守住平静的黑，那么重要的是那个"守"了，我因此由"守"字而逐渐体会了"当下"的重要。

老师也曾提起，西方的佛法，已开始有所突破，我们不要关在自己的东方佛法里自鸣得意，我们要同时将西方佛法与东方佛法一起参究，才能知道如何才是佛法的世界性。我因此而更涉入 Krishnamurti、一行禅师等的当下体验，与 new age 的许多对生命诠释的客观佛法描述。也因此，更由我读电机的有限科学知识，努力钻研量子力学的理解。没想到量子力学是与佛法那么接近，我因此更相信在二十一世纪的今天，科学与佛法将有一个交会点。这是老师身边朱文光兄讲的话，他告诉我紫微斗数是科学，不只是风水里江湖术士的学问。因为土星木星 20 年交会一次，两个星星体积合起来大到要影响地球上的大事件很容易。而 20 年的 3 倍或 9 倍，60 年及 180 年更是一个明显的大周期，所以中国的朝代很少超过 180 年。而且紫微斗数的八字，是 4 个 60 年或然率的符号，4 个 60 年共有 1296 万年，这数字又与地轴转一圈的时间有关。因此，八字是人生下来时宇宙在你身上充电的总磁场的代号，当然由此代号去推算，就可知道我们的命运如何在与宇宙的互动时找到其变化的规则了。朱文光是我敬佩的师兄，他很少言辞，却是逻辑清楚的数学人、科学人及学佛的人。他能在这两者中间找到平衡点。当然我也必须在我的生涯里使科学与佛法有一个交会，在交会的平衡中没有矛盾，没有分裂，相信只有当下的觉知才做得到，而当下的觉知觉照深入进去，是不是就接近"动静二相，了然不生"了呢？

老师由《圆觉经》、《金刚经》、《指月录》、《宗镜录》、《参同契》、《大学》、《中庸》到《孟子》、《列子》……，纵横古今，涵括十方，谈起话来，笑骂自如，不管如何笑骂，都令人受用无穷，满载而归。那功力令人领略了一代宗师的风范。我在老师离开台湾前的最后一次机会，参加了准提法门的禅修会。虽然老师的录音带我听得很多，但因在南部，工作又忙，没有机会参加老师平常的禅修。这一次是我第二次参加，却又是令我终身有了依靠的扶持。从此以后，准提咒没有断过，忙也准提，闲也准提，清醒也准提，微醺时候也准提，竟然在安静时候，准提咒就自然由心底升起，自己念了起来。可惜尚不知道，睡觉做梦有没有准提。准提法汉朝就有了，也不知是密或显，反正我这无缘入关门的人，只要有个扶持能安心立命就好了。后来有机会去了一趟青海三江源，在那里看到松赞干布迎娶文成公主的地方，竟然是满地遍野都是刻有六字大明咒的石头。江水上的石头，峭壁上的石头，所踏之处，处处都是这叫

"玛尼石"的石头，听说不知有几亿个。在看到这些他们感念文成公主恩德的奉献石，如此之多，忽然体会出准提咒与六字大明咒的影响这么深远，是有原因的。

那原因在观音菩萨咒语的音律中，也在我们的心中，这心与音的连接，应该就是我们要去深入的东西吧！因为"唵嘛尼叭咪吽"，我与音连接了，我与观音菩萨连接了，我遂与天地山水也连接了，这连接成为一体的感觉，很令人有回家的体会。在量子力学里，意识是能量，意识与 NASA 所找出的黑暗能量有关，所以当我们看山河大地，山河大地是在我们的意识的粒子状态中存在。当我们不看山河大地，意识变成波的状态存在时，山河大地就回到其基本能量波的状态，山河大地就不存在了。这虚无缥缈的解说，居然是科学，这使我更坚信，我们必须对我们所看到的世界，重新认识。

我们的生命是如此虚无缥缈，我们的世界真的也是如此虚无缥缈，在虚无缥缈与虚无缥缈中，我们是一体的，我们与世界与宇宙也是一体。既然都是一体的，我们又在找什么呢？我们又在忙什么呢？我们能从这虚无缥缈中更上层楼吗？或许庄子的"混沌"与霍金的"大霹雳"开始时的"浑然"，都同样地在谈这一件事吧！

大约三十年前吧！老师告诉我们"未来二十一世纪是中国人的世纪"，这说法绝对没有错，但"中国人"

三个字，你们不要以为是在讲你自己，就像曾国藩法统与血统之辩，凡能接受中华文化的人，不论汉胡皆是汉人。所以，"中国人"应解释为，未来能以**"社会主义的福利，共产主义的理想，资本主义的方法，再加上中华文化的精神，来使世界融合成一体的人"**都可说是中国人。换句话说，未来的世界，将是以这三种不同的主义，再以中华文化的精神来融合成一体的世界。

这三十年前的世界观，真的很令我惊讶受用。在大约香港回归时候，那时"资本主义的方法"这词句非常流行。我问老师，连词句都完全一样，您是怎么推测的，他笑一笑，只说："笔拿来，我写给你。"坦白说，这种心灵的宏观推论，是南老师的"独门"智慧。现在的地球村，已愈来愈呈现出老师的说法了。我因此更加相信，未来的地球村一定是这样形成的，而且大家可以想象，这样的中国人的世纪，不是已很接近"世界大同"了吗？

我们甚至可以由这样的观念延伸推想，台湾四百年前是闽南海洋经济圈的中心，未来在中国崛起走向世界的时候，这闽南或闽台海洋经济圈又将成为亚洲经济的中心，这时台湾将又要扮演比四百年前更重要的世界性角色了。

南老师所讲的，像这样形态的中国人世纪，如果到来，台湾这种以中华文化的精神为中心的角色，在世界的舞台上将非常耀眼，因此我们不要妄自菲薄，在统独之间争论不休，我们要使中华文化在地球村形成的过程中发挥其精神中心的角色，也唯有如此才是台湾未来的生存之道，也是南老师留给我们的很智慧性的伏笔。

老师这二十一世纪未来世界形态的推演，居然也已含藏着解决台湾与大陆问题的方向，我相信这推演并没有任何政治的色彩，完全是一种智能的逻辑结论。所以台湾在经济富足的今天，要开始以中华文化的精神为基础，来引导经济的走向，使台湾经济的富足逐渐转向精神文明的富足。正如《易经》里的理念，在"小畜"的经济富足时，必须经由"观"卦与"豫"卦的制礼作乐，使社会在文化礼乐的熏陶中走向"大畜"的精神富足。那么，在经济与文化平衡发展的过程，台湾就很可能成为柏拉图的理想国，或《礼记》"世界大同"的实验地了。

人生有三个阶段，第一个阶段为家庭打拼，第二个阶段为社会国家作出贡献，第三阶段为自己的生命着想。这三个阶段，由一到三是社会人才，由三到一是特殊人才，三个阶段都能兼顾才是世上第一等人才。老师由儒家、道家甚至杂家并加入最重要的佛法来教导我们，期待我们能成为世上第一等人才。这第一等人才的培育，不分东方西方皆可适用。

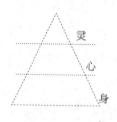

我这几年来一直思考，如何才是一个完美人格的形成。我因此提出身心灵的金字塔思维，一个人如能身心灵兼优，绝对不是凡人；一个公司如能身心灵兼备，绝对不会失败；一个社会如能身心灵皆和谐发展，这个社会绝对不会混乱。身心灵是一种人类生命能量的不同形态，形态不同，能量则一。研究量子力学的人都知道，尤其在即将发现"上帝的粒子"的今天，科学已很清楚地说明，整个山河大地，甚至宇宙都是能量的不同呈现方式。人的意识是能量，人有意识，山河大地也有意识，草木矿石更是有其自己的意识。只不过，能量有粗细大小，意识频率有差别，如此而已。这些身心灵的思维，由能量启发，它是科学与佛法交会的地方，正如同老师通贯百家，慈悲胸怀，以众生为儿女，以儿女为众生，我不知道老师如何把中华文化融会贯通，使与今日科学及生命在社会百态中做如此美妙的结合，但老师谆谆善诲，苦心婆婆，恨铁不成钢，而仍能在平和中对着我们谈天说地，也似乎对着全世界谈天说地。那胸怀是如何养成的？我常思而及此，便又要不敢怠慢念起"唵嘛尼叭咪吽"来了。

　　修行是由身深入到心，由心深入到灵的过程，我们身体里细胞的中子，生命只有917秒，能由身到心的安静，由心的安静进入灵的安顿的人，其新陈代谢前后的中子能量是不同的。低能量的中子出去，高能量的中子进来，人的生命质量就提高了，这过程叫修行。有人能顿悟，一下子由身到灵；有人循序渐进逐步进入心，进入灵，慢慢深入更微细境界，两者之间没有好坏差别。例如，一下子飞到黄山，看黄山的美，那是顿悟；但也可慢慢走向黄山，一路上潇洒自在品玩山水，两者之间，没有好坏差别。重要的是"品玩"两个字。能安静才能自在，能自在才能品玩，而这全部过程都要经过自己的"当下"来领会。没在当下，不可能有顿悟，悟了的人随时都在当下，没在当下，也不可能有品玩。当下是生命的中心点，从点而面，从面而体，而到山河大地世界宇宙，相信这才是指向"动静二相，了然不生"的路吧！

　　老师似乎走了，老师其实还在。跟老师学佛，我是劣等生，我一直都在门外，但老师的身影使我知道古代孔孟也应是如此身影。我听老师的录音带，我知道佛陀灵鹫山讲的也应是如此音调，今天思及老师如何从我年轻时候几句话就影响了我的一生，我知道，我们在灵的部分已有其巧妙的共鸣，如此身心灵俱备，当然老师没有走，老师永远与我们常在。

虽然如此，再看不到老师的身影，仍然在心中会有一个孤寂的感觉催着我精进。听不到老师的声音，再从录音带里捕捉的亲切感，也只是梦里空花。我们能持有的只是牢牢地随时随地的与老师的灵相共鸣。

共鸣是人与宇宙一体的证明，我们不是因此又被老师一棒打下？"傻瓜，这时怎么没有顿悟呢！哈！"

天仍然是美丽的蓝，地仍然有泥土的芬芳，拈花的人走了，微笑仍存在世上传递着微笑的芬芳，就让那微笑在天地之间流传下去吧！就像惠能走了，百丈走了，虚云走了，一代一代先贤走了那样，我们就虔诚地接起一代一代先贤的棒子，也让棒子传承下去吧！

南师的教化

李慈雄
斯米克集团董事长
恒南书院创始人

登门拜师

记得 36 年前，我读遍了当代的物理科学，发觉解决不了心中对宇宙奥妙的困惑，当读到爱因斯坦晚年亦信宗教，就知道单靠现代科学是无法解决宇宙本体的问题的，因而到南老师的门下。记得第一次见面，是陪一位有病的高中至友来拜见老师看病，在谈了那位同学的病后，老师问了我的名字及情况，对我说："你可以学佛。"当时我对学佛没有丝毫的概念，老师进一步又问我说："那个能知道我在说话的是什么？"我当时被问傻了，愣在那里。隔了几分钟，我似有所悟，点点头说，我懂了。可是老师却说，你没有真懂。

为了这些问题，几个月后，我正式到老师处求教。记得那是一个周六的下午，听我自陈来意后，老师望着我淡淡地说，我这里是要缴学费的。我又愣在那里，舍不得走。因为我父亲是一般的公务员，照顾我们三兄妹念书已感吃力，没有能力再来支付额外的学费。老师抽着烟，又笑笑地说，你可以来打工顶学费啊！我听了，赶紧问说，打什么工呢？老师说，倒茶、洗杯子、扫厕所、扫地、抹地。当时我马上回答，这个我可以做，我从小妈妈就是这样教的，当然会做，也愿意做。于是当天就开始工作了。

此后，每个周六下午，我和陈世志就一起到老师处打工。打扫完毕，老师会亲自检查是否到位，尤其刷马桶，检查是否刷洗干净。洗杯子，老师会在光下照，看杯口唇印是否洗干净。在客人面前倒茶，一开始没经验，老师会当众笑我们这些所谓台大的高材生连茶也不会倒，当时真想钻到地下，很难为情。后来出来做事，才领悟到老师的教诲，做事要认真，一丝不苟。

两大课题

老师有教无类，上至达官贵人，下至贩夫走卒。我们这些学生们就在这个环境中学习作人处事，老师也会随时点拨我们，常说身教与言教要合一，生活与学习要合一。有很多人生的哲理与智慧，我们就无意地吸收进去了。如"器量与胆识"、"王者师之，霸者友之"、"急事缓办，缓事急办"、"三碗面"。后来我创办斯米克，在和干部沟通时，常引用这些话，与大家共勉。

　　记得，老师特别提出〈宝王三昧论〉与〈百丈大智禅师丛林要则廿条〉。虽然二篇皆是出家人所作，但是也十分适用于世间的为人处世，因为它整合了儒、道、释三家的理念，贯穿了所有的出世入世的行为标准，以及高深的作人处世做事的原则。

宝王三昧论
四明鄞江沙门妙叶集

一、念身不求无病，身无病则贪欲易生。

二、处世不求无难，世无难则骄奢必起。

三、究心不求无障，心无障则所学躐等。

四、立行不求无魔，行无魔则誓愿不坚。

五、谋事不求易成，事易成则志存轻慢。

六、交情不求益吾，交益吾则亏损道义。

七、于人不求顺适，人顺适则心必自矜。

八、施德不求望报，德望报则意有所图。

九、见利不求沾分，利沾分则痴心亦动。

十、被抑不求申明，抑申明则怨恨滋生。

　　是故圣人设化，以病苦为良药，以患难为逍遥，以遮障为解脱，以群魔为法侣，以留难为成就，以敝交为资粮，以逆人为园林，以布德为弃

屣，以踈利为富贵，以屈抑为行门，如是居碍反
通，求通反碍，是以如来于障碍中得菩提道，至若
鸯崛摩罗之辈，提婆达多之徒，皆来作逆，而我佛
悉与记莂，化令成佛，岂非彼逆乃吾之顺也，彼坏
乃我之成也，而今时世俗学道之人，若不先居于
碍，则障碍至时不能排遣，使法王大宝由兹而失，
可不惜哉！可不惜哉！

百丈大智禅师丛林要则廿条

丛林以无事为兴盛	修行以念佛为稳当
精进以持戒为第一	疾病以减食为汤药
烦恼以忍辱为菩提	是非以不辨为解脱
留众以老成为真情	执事以尽心为有功
语言以减少为直截	长幼以慈和为进德
学问以勤习为入门	因果以明白为无过
老死以无常为警策	佛事以精严为切实
待客以至诚为供养	山门以耆旧为庄严
凡事以预立为不劳	处众以谦恭为有理
遇险以不乱为定力	济物以慈悲为根本

当时老师又提出，我们这时代须向历史交卷的有两
大课题：

1. 如何整合儒释道和科学、宗教、哲学，使人类摆脱唯心与唯物的迷惑，从而开拓出人类当走的大道。

2. 如何开拓出人类新的社会及经济发展模式，从而使人类身心能够真正的平安健康，而不是靠贪婪、消耗、掠夺、麻痹、追求所谓的经济发展。

多年以来，在我从事的企业中，始终牢记这二大课题，同时也是我人生的方向与目标。

就这样，过了几个月，老师说，下周开始研究《史记·货殖列传》。我当时心里想，我到老师这边是来探求宇宙奥妙的，不是想学做生意的，但既然老师如此说，只有好好学习了。没想到毕业至今，一直从事企业的工作，到33岁创办斯米克集团，事实上都深深地受〈货殖列传〉的影响，或许老师老早看出个中的因缘吧！

国学小组

1977年在我大三下学期时，我向老师报告要学习国学，因为我是电机系学生，对国学欠缺。我写了一篇发起文：

"吾人为求通情、通志、通义而聚于一堂，斯乃一大盛事。语云：君子之交淡如水。吾人之聚，固不必热络于一时，而于平实交往中，自然可长可久，而有如饮甘露之乐也。

百年以来，国家多难。大家同是有感而奋发之辈，然立业者，道德、学问、才能缺一不为功，吾人诚宜于斯互勉互助。爰取古德〈宝王三昧论〉以为诸君立德、立功、立言之心要，苟能履践笃行，当可立己立人，诸君勉乎哉！"

我准备找十几个大一大二的同学一起念国学，方式就如老师教我们一样，每周选一个晚上，大家共同研习一篇文章，再讨论交流。同时也交叉一些活动，如读书前一起聚餐等。每一周有一轮值的主席，要准备所有的事项，他可以找人帮忙，如此也锻炼了大家做事的方法与合作的精神。

记得我们一开始是念《史记》，好像第一篇也是〈货殖列传〉，后来念《论语别裁》。这样一年下来，因为大家在一起的动机很单纯，只是共同学习成长，反而培养出大家真诚的感情。十年后，我出来创业，这批同学就是真正协助我共同奋斗的人，管子有云："知予之为取者，政之宝也"，一点不假。

第一份工作——推销《论语别裁》

后来《论语别裁》在台北出版了，当时老古出版社第一任社长是古国治（因他的姓而取名老古），我因为自己念《论语别裁》得益甚多，所以我和当时师大的杜忠诰二人，不约而同地都站出来帮忙推销。我向老师及古大哥报告我的推销计划，先要了二十几部送人，老师很诧异，但听完后，马上同意。我是拿这二十几部《论语别裁》送二十几个社团负责人，他们自己念了感觉不错后，推荐给社员。我们用6折向老古进书，8折卖给社员，2折差价作为社团经费，他个人可以留下《论语别裁》这部书。结果几个月下来，卖出几千部，大家都得好处！我常自笑说，我的第一份工作是推广《论语别裁》，恐怕最后一份工作也是推广老师的书吧！

有一段时间，老师每周有一晚上到佛光山台北分院讲"如何修证佛法"，每次老师总是先到，那一晚，没有预先接到停电的通知，我们以为老师会暂停一次，结果老师头也不回地走上十楼，用蜡烛上课。老师从来不对事情马虎，不对自己马虎，不对别人马虎。

美国留学及工作

在老师的鼓励下，在父母的支持下，我于 1980 年到美国史丹福念总体工程经济系统的博士。当时的动机很单纯，想看看西方的社会与经济是如何运作的，想学习西方人文与思想的根本。因为有心深入了解美国各方面，所以除了念书外也到世界银行、美国国会所属的东西中心、美国电力研究院工作及实习。念书期间，碰到两位很关心并照顾我的教授，一位叫哈门教授，一位叫邓恩教授。这两位皆在美国经济大萧条期间吃过苦头，反而对人很体谅及厚道，且看得很远；其中哈门教授还写信给老师，探讨人类经济发展与心灵福祉的问题。老师当时回信给他，就开宗明义的说，现代各种经济学说皆是站在一国的经济发展立场，没有根本站在全人类福祉的立场，来设计全人类经济社会发展的模式。

1984 年史丹福毕业后，自以为对美国宏观的经济活动有所了解，想进一步深入参与一个企业的运作，于是我加入了 AT&T（美国电报及电话公司），工作地点在新泽西州，后来老师于 1985 年到达美国华盛顿。老师希望我迁到附近工作，于是我 1986 年工作调到华盛顿。1987 年，老师找我谈话，希望我回中国大陆，为我们中华民族做点事。为了到中国,于是我加入波士顿咨询公司(BCG),作为第一批亚洲业务开创小组的成员。1988 年我代表 BCG,负责一个世界银行援助上海工业改造的项目。于是从 1988 年 6 月开始,我正式以上海为工作地点了。

创办斯米克

在老师的鼓励下,我于 1989 年离开 BCG,在当年9 月,创办了斯米克集团。斯米克是英文 CIMIC 的翻译来的,全称是 China Industry Management & Investment Co., 中文叫"中国工业管理及投资公司"。后来因为太像中央的国营企业,所以取英文缩写 CIMIC,翻译成"斯米克"。我们全家于 1990 年就从美国加州搬到上海。当时业务主要是与国有企业合资,业务一直发展很好,美国的摩根史坦利公司,还在 1993 年初出巨资投资斯米克。然而老师在 1992 年底就提醒我说,靠与别人合资,一旦蜜月期过后会有问题,应走独资靠自己的路子,才是长期之计。三个月后去香港时,老师又问我独资搞好了没有,并很生气地警告说:"不搞独资,以后会有大问题。"幸亏当时老师的坚持和爱护,否则我真不敢想象斯米克今天变成什么样子。一切也正如老师所预言的，和人合资，长期合作实在不容易，这是人性所使然，非人力所能为也。

老师曾对我们说，自己一辈子处事三原则：**不向现成力量靠拢，不向反对力量低头，不向反对立场妥协。**这几句话，对我作人处世，敲响一个警钟，建立独立人格，是何等的重要啊！

特殊教授法

从 2002 年开始，老师开始移居上海，这是我有幸能就近受教的十年，每天晚饭的谈话及饭后的开示，就是最直接的受教。

2003 年开始，因古道法师及本如法师闭关专修，老师为他们亲自讲述《达摩禅经》，并再三强调，任何人想以自己身心作为实验的对象，解脱三界的束缚，《达摩禅经》是一本很重要的实验法本，但一千多年来被淹没了。第一次完整地讲述阿那般那后，老师考问我们，阿那般那的两个要点是什么？老师先说第二个要点是"知时知量"，然后要我们回答第一个要点，我连续回答了三次，都不对，老师也不说破，要我们继续参。后来经过一个月，在老师讲其他的事时，我才忽然恍然大悟第一个要点是"观出息"。这就是老师的教育法，要我们自参自悟，才是属于自己的，否则还是属于老师的，属于书本的。

唯识与科学

老师在最近两三年，特别强调法相唯识的重要，并说，现代人类受几百年科学的影响，喜欢用逻辑分析，讲究条理清楚。如果只讲"即心即佛"和"心佛合一"、"心意识"之类的佛学用语，一般人是无法相契合的。所以老师带我们研究《成唯识论》、《成唯识论证义》(王肯堂著)、《瑜伽师地论》，希望我们利用法相唯识，整合佛法与科学，尤其是提升生命科学的研究及应用，跳出目前全世界纯唯物的生命科学观，及狭隘肤浅的认知科学及社会科学，而能使人类认知心物一元的本体，又能利用本体的大机大用，对人类的福祉有实际的帮助。

然而法相唯识的研究，很容易令人走入名相分析的偏差，对自己的身心没有受用，也对人类文化没有真贡献。所以老师再三提醒大家，要重视窥基法师的五重唯识观：遣虚存实、舍滥留纯、摄末归本、隐劣显胜、遣相证性。

胆识与器量

记得十几年前我刚出来创业时，老师就送我四个字，即"胆识"及"器量"。他说："慈雄，你出去做事，如果没有对事情的真知灼见，不够深入，是不可能有所建树的。只有有真正的见解、深入，高瞻远瞩，才会有真正的胆。"所谓的胆并不是粗鲁的胆，而是建立在对事情的研究及把握，对人的深刻体会及掌握。反过来，他又进一步地说："一个人的成就，除了胆识之外，更关键的是取决在他的器量。"有才能的人往往因为器量不够，而无法成大事。如何做到有器量，就要看你的造化了。这一方面需要读书，另一方面要有师友相互不断地切磋，当然，也有很多部分取决于先天的个性。

这十几年来我在外面做事，时刻没有忘记这四个字，并且也提出来与我们有志一同的朋友共勉。

王者师之　霸者友之

老师常说中国有一句管理哲学的最高原则：王者师之，霸者友之，守者臣之，亡者奴之。

什么是王者师之？王乃王天下。当初周朝的周文王、周武王能够王天下，周朝能有 800 年的天下，就是由于当时有姜太公这样的老师辅助。周文王对人才那样的尊重，周武王、周公才能有长期的统治天下的事业。这在管理上的寓意就是，一个管理团队，如果对高明的人才能够很尊重，高层干部之间相处也很有诚意，则这个企业、这个国家就能从无到有，乃至建立世界级，可长久的百年事业，长期兴盛地发展。

什么是霸者友之？友乃朋友。表示一个经营团队，如果有一群人能够彼此为朋友，彼此为伙伴，就能够称霸中原。以企业而言，往往很多成功的企业，开始创办的时候都是因为有志同道合的伙伴。例如惠普公司就是 Hewlett 和 Packard 两个人共同创办的。当时康柏公司也是由五个合作伙伴共同创办的，相互弥补各自的不足。回顾中国的历史，汉王刘邦也是有好些智囊武将辅助，他们之间又是同事又是伙伴，如张良、萧何、陈平、周勃都是，所以能霸天下几十年，甚至几百年。一个公司也是同样如此。所以有些成功的公司，都是合作伙伴彼此珍惜，才能维持几十年。

什么是守者臣之？臣乃臣子，乃干部之意。往往企业或一个国家到一定程度，领导人已经没有雄心壮志，用的是一批唯命是从的听话干部。在这种情况下，企业尚可能守得住，因为不需要开创。但往往那时，企业是得不到发展的，因为这些干部们本身都是听话的。问题是企业不进则退，守得住吗？

什么是亡者奴之？这属于一种不足论的，即灭亡的企业，用的一批干部都是奴才型的，唯命是从，不敢讲不同的意见。在此情况下，企业注定是要灭亡的。

所以，在中国古代很早之前就断定，一个组织、一个公司、一个国家，兴旺是何种形式，守成是何种形式，灭亡是何种形式，虽然是很高的原则，但事实上有它永恒不变的道理。

急事缓办　缓事急办

这两句话听起来是彼此矛盾的，但是对我们处理事情有极深的含义。

何谓"急事缓办"？意思是，碰到事情很着急的时候，在处理的时刻要能够静下心来，从容办之，而不要因为急而乱办；病急乱投医，结果事情没有处理好，反而留下一大堆后遗症。我们往往看到很多人，急、急、急，急到后来反而一事无成，而且留下很多负面的问题。这就是因为在处理的时候，没有考虑周到。所以需要修养，需要定力，平常就应培养这方面的能力。

反过来讲，"缓事急办"。往往很多事情我们觉得反正那是两个月以后的事，半年以后的事，现在不用着急，以后再说，所以也未作好事先的准备。结果到时却措手不及，弄得一团糟。我们日常生活中，包含我们在处理公司的事情中，常常有这种现象。就以一个最简单的例子，明明知道两个月以后要去出差，要订机票，假定现在就办，一通电话就解决所有的问题，但是假定拖到临走之前一天才订机票，就有可能因订不到机票而破坏了所有的行程。要能够培养缓事急办，事实上就要培养我们对事情的预见性，能够事先做好安排，以免临时抱佛脚，反而忙乱，却又得不到好的结果。

决策质量与"三碗面"

近代的中国，有一位很有成就的人士，到晚年很凄惨潦倒。他有一次跟人讲，说："我这辈子事实上就是吃多了'三碗面'，以至于到晚年落到这个地步！"

哪"三碗面"呢？第一，情面；第二，场面；第三，脸面。

我想，这"三碗面"我们每天都在吃，而且是不可能不吃。但是，吃多了会拉肚子、会消化不良。天下的人很少是饿死的，大部分人是撑死的；或者是吃多了，身体出毛病，不管是心脏病、消化系统病，或延伸出来的其他毛病。

决策质量的过程之中，最难的，往往并不是对事情客观的分析与掌握。最难的是，在处理事情过程之中潜意识里的这"三碗面"，也就只有高明的人能够自我检查出来这个问题。当然，不吃，那就不能称之为人。所以，关键是要如何吃这"三碗面"，才能够妥善处理一切事，达到总体战略目标的要求。

恒南书院及最后的交待

早在 2006 年，我就向老师报告要在上海找地方盖太湖大学堂上海分院，作为上海弘扬中华文化的基地。第二天，老师同意了，并说就叫"南怀瑾学院"。于是立即开始筹设，到 2012 年春天，基本建设完成。曾三次问老师，取何名，老师皆说不急。去年秋天，等到所有的家具皆摆好的那天，恰是老师走的那一天。

老师走了，我们一些同学商量结果，为了对老师永恒的纪念，这个书院就定名为"恒南书院"，也是弘扬老师及古往今来诸圣贤教化的场所。

老师九十五年尘世，为中华文化的传承，竭尽心力，努力不懈，数十载春风化雨，精神常存。

伟哉吾师！

南老师的启发

佟克仑
原德国巴斯夫公司 BCIT 大中华区总经理
现任华夏心理网独立董事

记得小时候常和爸爸去看电影，由于还不识字，既看不懂也听不懂，而我清楚记得，我总是会指着屏幕上出现的人问："他是好人还是坏人？"那时的我只关心一件事，"这人是好人还是坏人"。

现在，我像很多六十而耳顺之年将到的人一样，自己可以确定的，就是虽无耳顺之年的修养，但仍以好人自居。事实上，所谓的好人，从小到大也会做许多不大不小的坏事，不断地给别人添麻烦！自己离好人还有一大段的距离呢，只是不自知罢了。

先南师而生　幸有南师得以彰
后南师而生　幸遇南师得以明

离开学校后，就再也没起过念头去接触古老的传统文化经典了，也因为从大学到出国留学，以及在国内国外的工作，都是在化学工程的范围。更可笑的是，在老同事袁小姐引见南老师之前，我还将她口中的这位南老师，误认为是"男老师"呢！记得我当时是用非常严肃的口气对她说："你为什么要住在男老师那里？这样好吗？"数年后，南师偶尔还会提起我这无知又丢人的笑话。

接触南师的典籍后，才打从心眼里明了，先南师而生的古圣先贤们，若天上有知，一定会庆幸有南师的教化，他们的圣意才得以彰显，使其万古常新；而我们这些后南师而生的林林总总之辈，居然因聆听南师的教导，阅读南师的典籍，而得到了个入处。更加幸运的是，能与三五好友共同进入南师所倡"经史合参"的学习之旅。

列子　老子与内视观想

由于特殊机缘，在国外工作时，接近了西方心理学的学术活动。有一次，见识了由一位日本教授介绍在欧洲已推广多年的"内观"，这"内观"是经过西方应用心理学界认证并接受的，属于有效心理治疗方法。后来偕同一批专家同好，到德国 Dresden 荣格学院参访内观中心；同时也拜访了德国 Lower Saxony 省的司法部，了解内观的训练和推广的成效。

荣格（Carl Gustav Jung）是二十世纪西方著名的心理学家。荣格的学说属于心理学界的主流学派，可是荣格晚年欣赏虚云老和尚的禅七讲话，他曾说，他是欣喜若狂地发现了东方文化的瑰宝（大意如此）。更有趣的是，荣格还自认是中国的"老子"转世而来的人。

有一次，瑞士荣格学院访问团一行到上海复旦大学访问，荣格学院的教授在面对心理研究中心的学者时，曾出人意料地说："内观是你们中国人的古老学术啊！你们中国人怎么要到西方来学习？事实上我们还应该要跟你们学习呢。"

这句话令我大吃一惊，更觉得十分惭愧，外国人都知道这是中国的古老学问，而中国人不但不自知，还要向外国人那里学习自己的学问，好不丢人！

后来特别向南老师请教这个问题，南老师说，道家有一种修养法门，叫做"内视观想"，是一种自省的检视自己心理行为的方法。儒家也有类似的修养功夫，其实都是从心理上检查自己，作为改过向善的修养手段。总之，人格的修养不外乎身和心，而"内视观想"是偏重于心地方面的修养方法。

南老师又说，日本人喜好中华传统文化，自然会与西方心理学结合发展，然后就声称是日本的学问了。就如同西方所普遍接受的禅宗，主要也是经由日本铃木大拙所推广的。事实上这些都是中国的学术文化，而我们自己既不珍惜，也不研究，反而是日本人努力发展。

南老师还提到，1969 年，他应邀与台湾一批教育文化人士到日本访问交流，见到许多日本文化界的人士，都对中国传统文化造诣很深，都会用中文作古诗。其中有一个木下彪先生，南师还把他的诗文，带到台湾在老古出版。

文化反思

南师从来没有把自己的著作当成经典，但把古圣先贤们这些贯穿千古历史的著述，给予了新的生命，这又恰恰给我们这些现代人，提供了好一个休歇处！很多人将南师著作当成经典，与同好一同反思个人的以往，整理了自己所独具的生命史。老师在《列子臆说》中提到"……见出以知入，观往以知来，此其所以先知之理也。"能内观反思，至少可能成为自己生命的先知吧！

像我们这一代在台湾出生的人，占尽了天时地利之便，享受了前辈们努力的成果，在经历过经济奇迹和金融风暴交织的日子后，再反观自己，对家人、朋友、社会，竟然是乏善可陈。

　　现在，南老师引导我们走进祖先的文化宝库，重新认识自己，开始新的生命，感恩南师，感恩这位真正的老师。

香江十年　怀师万千

陈定国
中华企业研究院基金会董事长
台湾师范大学客座管理讲座教授

罕有送行　特感珍贵

　　回忆去年（2012 年）我曾利用 5 月 19 日及 20 日（星期六及星期日），从台北到上海大润发大量贩店总公司讲课后的机会，于隔天 21 日（星期一）下午五时到庙港太湖大学堂看望南老师。当时南老师神采奕奕，心情很愉快，话锋很健谈，时光过得很快，在将近晚上九点半的时候，我们夫妇两人向南老师告辞回上海松江的住处，南老师跟我们一再握手告别，很罕有地送我们到门口，并一再叮咛。现在回想起来，特感最后一次告别情景的珍贵。

　　2012 年 9 月 30 日下午七时中秋节夜晚，从台北赶到了太湖大学堂，参加荼毗大典。当夜月圆人聚万里无云，一缕白烟飘向天际，让我格外忆起十年香江岁月，追随南师的日子。南师辞世百日，在台北的弟子们聚集数百人，到新竹峨眉十方禅林，整日追思，怀念南师在在的一切。

结缘书籍三十册

比起一般人，我个人追随南老师，并在其门下接受教诲的时间开始得很迟，大约在 1988 年南老师从美国回到香港时开始。当时孙静源董事长来香港见我，顺便带我到香港半山麦当劳道（Mc Donald's Road）住处拜见。当晚南老师就送我一本《金粟轩纪年诗初集》当见面礼。隔了一个星期，我看完那本诗集，再去拜见南老师时，他竟然叫人从房间里搬出三十多本他的著作，这是他吩咐台湾"老古文化公司"特地寄来送给我的，让我吓了一大跳。

这三十多本书是他的呕心著作，我到底要花多久时间才能看完及看懂呢？南老师爱护学生就是这样全盘托出，毫无保留，和他只见第一次面，就如此看透我，料定我会再去见他，所以早就叫人从台北带书来等我。他真是一位山高水深、坦诚透明的"名师"、"明师"、"真人"、"贤人"、"圣人"。

香江十年　密集受教

从 1988 年在香港与南老师见面，到 1998 年的十年期间，是我从纽约到香港，替泰国卜蜂正大集团工作，进出中国大陆三百多次，投资开发一百五十多个大小事业的忙碌时候。一年之内，几乎有一半的时间出差至中国大陆各地，及泰国曼谷卜蜂集团总部，另一半时间才留在香港正大集团总部（香港正大集团是卜蜂集团的投资事业，也是和中国大陆各地合资成立子公司的母公司）。当我人在香港上班的每天晚上，就是我密集亲近南老师，听取教诲的宝贵时间。每天晚上六点半从办公室下班直接去南老师的见客处所，前一段时间是在香港半山麦当劳道的临时房子（是孙静源先生购买的），后来是在半山坚尼地道房子（是南老师后来买的）。

大约七点开始晚饭，每晚都有访客，分坐两桌。七点半饭罢，开始水果饮茶，并正式听老师开讲，内容广大无边，上至天文，下到地理，中及政治、经济、科技、人文、哲学、佛学、道学、儒学、诗、词、琴、棋、歌、赋、书、画、笑话、小说、股市、房市、领袖人才、道德文章等等。有时排有正式研读课程，照表进度，南老师主讲，学生报告心得，南老师也批改文章。有时举办"禅七"，打坐听经，非常严肃，包括美国来访的教授团也一样作业。这样聚会活动每天一直到晚上九点半、十点左右，大家才告辞解散，结束一天最宝贵的活动。我们大家各自回家，南老师则回隔壁的公寓居住处。

五千四百小时的亲授学生

我曾估计，当时我在香港不出差的日子，每年约有180天，每天下班后到南老师的会客所（及餐厅），从晚上六点半、七点到十点，每天至少有3小时和老师在一起，得到南老师的春风化雨教诲，一年就有540小时。从1988年到1998年10年之间，就有5400小时和南老师密集在一起，听他的言谈、看他的风采、观察他待人接物的慷慨与仁慈，接受他的教诲，领悟他忧国忧民的苦口婆心，及浩瀚的知识宝藏，超过修读两个博士学位的时间。有很多人对我说，你实在是太幸运，糊里糊涂没有什么中华文化修炼基础及功德，竟然能够在香港得到如此长时间的特殊机遇，面对面接近南老师如此长的时间，他们很羡慕。我平心静想确是如此，我入南门时迟，竟有如此天大造化，不感激涕尽怎可？

南老师著作领我进入中华文化大浩洋

南老师送我那些宝书及后来出版的新书，我都仔细精读，比如《论语别裁》、《老子他说》、《孟子旁通》、

《原本大学微言》、《如何修证佛法》、《金刚经说什么》、《楞严大义今释》、《静坐修道与长生不老》、《禅海蠡测》、《庄子諵譁》、《列子臆说》等等，其中有很多书都是在高空飞机上读的。因为我是卜蜂美国纽约公司 CP（U.S.A）的总裁，从 1987 年被借调到香港正大卜蜂总部（Chai Tai-CP Group），负责对中国大陆约 150 个大小项目的投资经营。但每三个月要回美国纽约公司视察一次，为期两周，一年就有八次往返长途飞行。还有在香港驻扎的一半时间要去北京、上海、四川、东北及泰国曼谷等等三十多个地方，也都是长途飞行，等候的时间很长，坐飞机很无聊，正是用来精读南老师伟大著作的好时光。这也是上天替我设计好的巧妙安排，否则在平常繁忙上班时日，很难寻得大空档时间来静心享受南老师的千万字文章。

除了《金粟轩纪年诗初集》外，令我对浩瀚中华文化开悟的第一本书是《论语别裁》，当我读第一篇〈学而篇〉第一章时，南老师对"学而时习之，不亦说乎；有朋自远方来，不亦乐乎；人不知而不愠，不亦君子乎"的精彩解释，我笑了，我服了，我悟了真意！

南老师把《论语》二十篇 492 章一万一千多字，用他广博的知识，别有心裁的智慧化为五十万字，整整扩展了五十倍，令人一读就爱不释手，并能领悟孔夫子与弟子间言谈的真正意义，可以帮助我们一般读书人"下学"而"上达"，也开启我决心走入浩瀚大洋的中华文化宝藏。

中国文化式的西方管理学

我以前是读西方企业管理科学的人，也曾获得华人第一个企管博士（美国密歇根大学，1973 年）及大学教授（台湾大学商学研究所，1977 年），也写了不少企业管理、营销管理、高阶策略管理方面的畅销教科书及很多研究报告与报刊文章。但自从读了南老师的儒、道、释书籍后，我的新版管理教科书中，就开始到处隐含很多中华文化的灵魂精神，令人读来有"中国式管理学"（指具有中华文化内涵的现代西方管理学）的味道，完全是受到南老师潜移默化影响。

《论语别裁》对我的开悟

在台北，为了纪念南老师"大道如是话南师——南师慧炬永续传承"，十方禅林基金会自 2013 年开始举办了一系列演讲（每月一次），我也以"南怀瑾老师《论语别裁》对我的开悟"为题，在 2013 年 6 月 29 日（周六）讲了两个多小时，听众坐满了讲堂，情况热烈，我想南老师在暗中应该有给了加持，才能如此，同时也证明社会大众对南老师的崇敬及爱戴依然持续。

《禅海蠡测》最具功夫

南老师的书每一本都很引人入胜，但其中思想文字最有功力的一本是《禅海蠡测》，这是南老师早期亲笔撰写的佛学登峰造极的作品。在佛学修养方面，我算是"小学生"程度，不敢多谈内容，但是南老师在书中的白话式文言文，简洁、洗练、精辟，是我终身想要学习的最高写作目标。

"金温铁路""两岸接触""文化大道"等等皆在南社餐厅发生

在香港半山的南老师聚会所（我称"南社餐厅"）十年（1988—1998年）里，发生很多令人感动及值得追忆的大事，比如中国大陆改革开放早期，借外债（日债、美债）及世银债很多，到期如何寻得财源归还？苏联解体，如何抢收苏联科学家？大陆海协会成立要找会长，如何推荐我们理想的人选？如何让大陆高阶分子多多参观外界政经社教建设？如何及早恢复佛教信仰及提倡儒家治国文化？如何提倡小学幼儿读经班？等等。其中我知道比较全面的两件事是"金温铁路"及"两岸接触"（有人称"两岸密使"），这些都显现南老师把"爱乡"、"爱国"的思想用行动实践出来。孔老夫子在《论语》开头的〈学而篇〉第一章"学而时习之，不亦说乎……"就第一强调"习作"与"实践"的重要（意指坐而说"一百"，不如起而做"一个"），何况"知识"不经过"实践"检验，不会变成"智慧"，"知"与"智"之不同，就在"智"有"日日行"功夫。南老师在香江十年，处处把他爱乡爱国的思想（知识）付诸实践，并确有绩效（金温铁路早已通行，两岸密使也早变为两岸正使），所以成为令人敬佩的"真智慧"者。

南社餐厅"厅长"兼"定国公"

我在香港南老师的"人民公社"（简称"南社"）餐厅里当"长期食客"十年，又因每晚长坐在南老师固定的右手边，有如右护法，故被南老师称为南社餐厅"厅长"，另外他再封给我一个"定国公"的爵位。我听了很惶恐，南老师说这是他"以前"封给我的！后来汪道涵先生在我的卜蜂集团老板谢中民先生及谢国民先生兄弟面前，也频频叫我"定国公"，让我老板大吃一惊。因汪道涵先生曾是上海老市长，江泽民先生的老领导，也是卜蜂正大集团在上海几个大投资案（如上海大江公司、上海易初摩托车公司、上海万国实业公司）的批准人，更是中国大陆海协会的会长。如此一位道德及地位很崇高的人叫我"定国公"，怎不令我的老板惊奇及另眼相看呢？其实这也是南老师有意无意给我的赏赐，到如今，大陆的旧识老友也叫我"定国公"，叫我如何不怀念老师呢？

"奉派"代表洽谈众多案件

我在香港的时候，虽然白天是泰国华侨正大卜蜂集团的总裁室主任（类似参谋长），及集团资深执行副总裁（SEVP），每天上班八小时。该集团是第一个响应中国改革开放（Reform and Open-Door）政策进入中国大陆投资的大集团公司，其深圳的公司（深圳正大康地有限公司）批号就是 0001 号。但是我也是南老师香港半山"南氏人民公社"的"餐厅厅长"，因此我也常常"奉派"出差。例如到北京大学洽谈成立"中国文化发展基金会"（后因故停止进行）及谈判北大方正开创方案；到清华大学洽谈清华同方开创方案。也到上海金沙代表南老师和汪道涵共同主持上海联盈塑料制品公司开业典礼。上海联盈是由香港盈亚公司和上海化工研究院共同投资 51：49 的包装薄膜制造公司，由上海化工院院长当董事长，南老师当副董事长，但由我代理几年。也到温州市政府代表南老师向数百位官员及企业界人士讲课三天，作为金温铁路开办前的准备。也代表南老师和浙江省柴松岳副省长（主管工业）所率领来港的"金温铁路合资谈判代表团"，在两个星期内落实"合资合同"条文内容。在香港正大集团我的办公室边谈判条文内容边打字，白天谈判修正打字，晚上回"南社餐厅"吃饭再谈谈判原则。"合资合同"最后由浙江省计委副主任杨国章工程总指挥及香港李素美盈亚总经理签字，由柴松岳副省长及南老师见证签字，上报北京国务院批准。我也曾是代表南老师到浙江缙云市（地级市）参加金温铁路开幕动工爆破典礼的香港团员之一，在当场用特别架设的国际电话向香港驻守的南老师（他是金温铁路开发公司的董事长及总经理），报告现场满山满谷居民，打鼓敲锣、踩高跷、扭秧歌的热烈欢庆的场面。我感动得流下眼泪而说不出话来，因为百年规划的两百五十公里金温铁路，能在南老师手上动工完成，怎不令浙西二千万人民欢庆鼓舞。

被"派"去清华大学演讲试试理念

1997 年 6 月 30 日，香港正式由英国占领管辖回归中国大陆，北京清华大学党委副书记数次来香港见南老师，希望南老师到清华大学"投资"设立类似中国文化推展中心大楼之方案。南老师在和他们讨论之后，就指派我先到清华大学去演说一场，看看理念合不合适。果然在当年 12 月，清华大学经管学院正式邀请我去北京演讲"企业有效经营之道"（三小时）。那场演讲地点在清华经管学院新大楼的大国际会议中心，该中心曾是我向他们建议，而邀得香港有名企业家捐赠建立的新管理大楼，是阶梯式座位。那天下午二时开始，人已坐满，大概超过千人以上，人太多不适宜中途休息、离散再聚合，所以我开讲前就先声明中途不休息，要去洗手间的人可以自由离席，有问题的人可以自由举手发言。于是我就站着开讲，滔滔不绝，心无罣碍，毫无顾忌，大约讲了三个多小时，快到五点半时结束，我发现中途没有人离开，也没有人举手提出问题发言，心感相安无事。

"爱国心切"救了"直言不讳"

　　晚上六点半学校领导干部请吃饭，由副校长代表（因校长国外出差未返）。那位党委副书记很客气地感谢我的"精彩"讲话，他对我长达三个多小时的"企业有效经营之道"提出四个评语给我，让我听得起先高兴继而心惊胆颤，最后大石放下。他的四个结论是：（1）广征博引（指我引用古今中外例子）；（2）深入浅出（指理论深入举例浅显易懂）；（3）直言不讳（指批评中国现状，毫不客气，触到痛处）；（4）爱国心切（指我"爱之深，责之切"，我的批评虽多，但没有恶意，过关）。这场1997年的清华大学演讲是由南老师推荐我去的，假使因我顺口发挥，没有警戒，造成负面事件，就大大对不起南老师原先的好意了！最后无事过关，好幸运。

直播三天演讲　在吉林差一点出问题

　　那时也让我回忆起十年前（1989年左右）在吉林省政府南湖宾馆三天的相同演讲情况，那时中国大陆的开放程度比1997年低，官员思想保守程度远甚于今日。

我在吉林省大讲堂（可容二千多人），连续讲"企业有效经营之道"三天，六个上下午，一共十八小时。我们那时去吉林省考察，我负责主讲，我的正大卜蜂老板们负责参观吉林省政府所管辖事业，包括农牧业及生产红旗牌汽车的中国第一汽车厂。到最后我的演讲六场结束，回南湖宾馆的途中，那位司机师傅开口称赞我三天来的演讲，让我吓了一大跳，问他怎么知道我讲得好不好呢？他说三天来他专门接送我，在等我的休息时间，都在车上听收音机广播，专听我演讲的现场直播（我不知道直播这件事），所以我讲什么他都知道。我一听之下，暗叫"糟糕了！"我在三天讲课里，连带举例批评"无效"经营的地方不知道有多少？我可能触犯了"禁忌"，譬如"反资本主义自由化"、"真正"为人民服务之类的话，也不知如何是好？当时中国大陆正在标榜"三机"（缝纫机、收音机、脚踏车），都还不到"三大件"（电冰箱、电视机、洗衣机）的程度。

"多言数穷，不如守中"的南师教训

在香港南老师常提醒我，"多言数穷，不如守中"（《老子》第五章）、"言多必失，祸从口出"等等。果然，演讲一个月之后从吉林省方面传来消息，说有人听我演讲中有批评中国时政，提出书面报告对我不满。好在此"报告"送到省委书记，被当时的省委书记批驳一番，略说陈博士所批评的当时缺点都是"正确"的，应该"改进"的，陈博士讲的比共产党还共产党（指又"红"又"专"），我们（指吉林省）应该更改革开放，怎可闭塞思想，固步自封呢？并把那个人叫来数落一顿，再把报告退回去。事实上，那次正大集团到吉林省去访问，就是吉林省委书记及省长邀请的。我的三天演讲算是"重头戏"，若出了思想问题，不仅我以后进不了中国大陆，连邀请我们去的吉林省长官们都有责任。好在，省委书记有担当，把报告压下来，没有转到中央。

　　想到这两件事，我都会再回想南老师对我的深切教诲，因在香港南师"人民公社"里，最常及最敢开口打断南师讲话的人就是我。别人都是"乖乖牌"静听南老师一人独讲，不敢中途冒犯打断南师讲话，开口问问题，我算是"最不驯服"的一匹野兔子（我是兔年生的）。

太湖学堂餐厅厅长依然悬缺

　　我在 1998 年离开卜蜂正大集团的工作，回台北就任金华信银证券公司董事长及淡江大学管理学院院长及教授新职务，就很少去香港。不久，南老师也正式进入中国大陆到上海"长发花园"大楼的新址，开办他的新"南氏人民公社"，比起香港，地方虽小，人气依然旺盛。我每次去上海出差时，也是每晚一小时以上车程到"长发"南老师住所，重温香港十年情景的美好时刻，直至晚上十时才再乘车回松江，每日如此往返，乐而不疲。

后来，南老师终于到太湖边，在江苏省吴江市七都庙港三百多亩的地方，兴建"太湖大学堂"，气派宏大，作为推展中华文化的发扬中心。即使如此，我每次到上海，也都会约好日子，下午乘车走快速公路约一小时多，到庙港去探望南老师，直到晚上十时才离开，回上海都已深夜十一二时了！直到去年（2012年）5月21日最后一次。

我曾问南老师，自从我离开香港回台湾后，南社"餐厅厅长"的职位有没有新人就任。南老师听了大笑说"这个位置一直空悬着，还没有找到继任者"。南老师还特别告诉我，这块大学堂地离太湖岸一百公尺，是当年伍子胥（伍员）接母亲来住，并找孙武来写《孙子兵法》的地方，是一块历史宝地。

香江十年　怀师万千

在香港十年的岁月里，我从南老师处学到很多中国传统故事及笑话，都是不可遗忘的中华文化，譬如：

为什么"人"真正当"人"的岁月只有二十年，而其他的时间都是当"马"、"牛"、"狗"、"猴子"呢？

为什么所有动物都有固定的发情期及交配次数，而"人"这个动物却"随便"都可以呢？

为什么南老师的记忆力（出口成章不忘掉）和武功修练那样好，而我们都是这样差呢？

为什么人人都认为自己是南老师的学生，而南老师却一再对人说他"没有学生"呢？

为什么某些人对外宣称是他们供养南老师，而我们和南老师都认为南老师在供养我们，尤其"南氏人民公社"餐厅，每晚两桌客人都靠南老师吃饭呢？

为什么南老师常常把他捐献给慈善单位的收据写上弟子们的姓名寄给我们呢？

为什么南老师的儿子们都和我们一样叫南老师为"南老师"而不是"爸爸"呢？

为什么两岸高官学者们都很喜欢路过香港探望南老师呢？

　　为什么有数不清的南老师著作读者渴望朝圣般拜见南老师而不可得呢？

　　还有太多太多值得回忆的类似题材了。

台湾的"成人读经班"——"名著选读励进会"

　　我回到台湾以后，曾经做了三件与南老师教诲有关的事，第一件事是在"中华企业经理协进会"（已经成立五十周年，1963 年成立，我担任过第九任理事长，1999—2004 年），成立"名著选读励进会"，每月最后一个星期六早上九时至十二时，聚集经理人研读老古文化公司出版的南老师经典名著；从 1999 年到现在已有十四年之久，一百六十多场，是呼应南老师在大陆"希望小学"推广"幼儿读经班"的台湾版"成人读经班"，效果很好。

　　第二件事是替南老师找回失联多年与朱文光博士（早期南老师的跟随爱徒）同时期的陈芳男师兄。陈芳男能到庙港重见南老师于太湖大学堂，感动得不得了，南老师也高兴得很。

　　第三件事是带领一位年轻聪明伍姓大学生去见南老师，伍同学曾在无意中读了一本南老师的书，就对他父母说这位写书的南老先生在等着见他，一定要见南老师。他父母是企业界名人，也曾拜托了南师在台湾企业界名人弟子介绍，都不得要领。后来向我的一位老学生黄董事长提及，黄董转知我此事后，我再请示南老师是否可接见这个年轻人。经南师答允后，这位伍同学终于在他母亲（任职公司总经理）陪同下，从台湾到上海和我一同到太湖大学堂拜见南老师。南老师说伍同学是万中不得其一的"歧路人"，很少见，在言谈中稍稍责备他的父母，为事业忙碌而未能亲自贴身照护，让他自幼习惯于孤独，幸好本质优良没有变坏。伍同学在一旁静听并领悟南老师的开导后，了解父母亲的苦心，自己也好像找到人生的真门路，心情开阔起来。返台后，开始研读南老师其他的著作，也到父母亲的公司工作。南老师指引一个年轻人走上了一条光明路。

南师墨宝与"留余"诗

南老师很会欣赏文字书画，他很喜欢"一花一世界，一叶一如来"的荷叶墨画，他也常挂左宗棠、曾国藩的诗，也挂洪秀全的"倚剑雪花落，挥戈日影回"及孙文的"满堂花醉三千客，一剑霜寒四十州"。他喜欢写"书为天下英雄胆，善为人间富贵根"、"支撑天地都名士，排荡风云仗读书"、"黄金有价书无价，时势迁流我不流"。

　　南老师的字很有风格，我常常模仿他的字画，譬如他写的曹操〈短歌行〉，字迹豪放漂亮。所以我在香港时，就曾要求南老师教我们写字的方法。果然南老师给我们"写字要诀"八点：

竖要直，横要平　撇如刀削，钩挂钉
捺有力，趯要挺　点如瓜子像流星
还有上下要平整　左右整齐一条绳
大字缩紧小字放　配合平均要小心

　　我看南老师常常在不得已情况下，应朋友的要求写一些题字之类的墨宝勉励别人，所以我也就壮胆开口请求南老师也写一些勉励的字给我作纪念。南老师听后不置可否，我也就不敢再提起。过了一些时日，有一天南老师在南社餐厅里，看到我就从他的公文包里拿出一幅毛笔字画给我，我看了喜出望外，感恩万千，珍藏起来，拿到国画图裱店裱起来，现在放在我的卧房，出入都可看到。南老师写给我的是：

十有九输天下事　百无一可意中人
不遂意事常八九　可与人言无二三
乙亥夏日与陈定国博士谈次戏书以自嘲　南怀瑾

　　最难忘的，也是最贴近的南老师墨宝，是 2011 年 10 月我们到太湖大学堂去拜望南老师的时候，看南老师应"留余园"书写序时写的字：

辛卯初冬
一生犹欠诗书债　万事终须留有余
　　　　　　　　九四顽童　南怀瑾

　　"留余园"是河南康百万家族四百多年存留下来的巨大家族园地，是中国三大庄园中最大者（其他两处为四川刘文彩庄园及山东牟二黑庄园），其后人把有"留余"匾的庄园献作社会公益地，并把四百多年来康百万家族"富而好德"的事迹写成传记，叫"留余园"，请南老师过目，并赐序言。南老师感佩康百万家族超过"十世其昌"的"四留余"功德（指："巧"留有余，以还造化；"禄"留有余，以还朝廷；"财"留有余，以还百姓；"福"留有余，以还子孙），是《易经》六十四卦中"谦卦"（第 15 卦）、"乾卦"（第 1 卦）、"坤卦"（第 2 卦）的共同作用，值得学习及推广，所以当下写了他自己的一句感言。当时，南老师已经 94 岁，身体灵活，神清气爽，用笔如龙飞凤舞般写下他的感言，当作"留余园"书的序。

南老师虽然离我们而去，但他的精神及教诲历历在目，这篇"香江十年，怀师万千"的点滴尚多遗珠，将来有机会将把它们一一写出来。在台北，南老师的弟子门生们（虽然南老师说他没有够资格的"学生"），会传承他的宏愿，以开拓"中华文化"之"大道"为使命（南师曾说过他修"金温铁路"只是"小道"一条而已）。

南老师，我们很怀念您！

难忘太湖一杯茶

袁明
北京大学国际关系学院教授　　国际关系研究所所长
全国政协外事委员会委员

　　1990 年秋天，我陪同时任北京大学校长的吴树青教授去泰国参加环太平洋大学校长会议，归程途经香港。吴校长说，要去拜访一位老人家。这位老人家就是南怀瑾先生。

　　2012 年秋天，我随全国政协外事委员会一个调研团在黑龙江，消息传来，南老师已经离开。

　　二十二年，往事历历。虽有日记记录，但如今要写成一篇文字，取哪些？舍什么？栏杆拍遍，思绪万千。

　　1991 年 7 月 20 日，南老师在香港寓所中对我说："我们这一代人，生于忧患，死于忧患。"那一次的长谈有个背景，就是我在 1991 年 6 月，在北京组织了一个国际会议："面向 21 世纪的挑战，中国国际关系学科的发展"。在中央电视台工作的陈荻芳先生帮我做成了一个录像带，记录了会议的全过程。我 7 月赴港，给南老师放了这段录像。当时在场的有李素美、李传洪姐弟，有尹衍樑先生等等。在上个世纪 90 年代初，海峡两岸的人能在一起谈世界大局的地方，不是很多，不过南老师的香港寓所是一个例外。那里不仅可以谈，而且可以谈得海阔天空。当天我的日记中还有南老师的一段话："中国这个民族，是不侵略人的，但是也是会打仗的。韩战（朝鲜战争）时，以当时中国的武器打，是不简单的，中国人如不是韩战，谁会看得起？"

南老师要我"读万卷书、行万里路、交万个友"。他也讲国际关系，不过他的讲解，和中国以及欧美大学课堂里的讲授很不一样。2007年秋天我要去中东，临行前去太湖大学堂看望他。到的第二天下午，宏忍师带我去他私室，又是近两个小时的长谈。他说从历史上看，这个世界的人文景观是很有意思的。西方的基督生，这边的王莽起，中国的隋末，阿拉伯世界的穆罕默德起。中国古人，观察宇宙、天象，自成一套。我听着觉得十分有趣，笑问他何以这般评点古今中外。他叹息说，年轻时心大，写过"大君治国论"，专论以西藏为中心，向东西南北传播中国文化。自去年以来，我读过一些纪念南老师的文章，有一篇文章谈及南老师的"心量"，我印象很深。这个"心量"的各个向度，实在深沉，非常人能测。当然"大君治国论"，也非常人能写。90年代以来，许多人听过南老师对中国未来的预言："中国好运两百年"，闻之者多喜。我倒是觉得，与其把南老师的话当成一种判定，不如体会他的言后之心局。他对世界大局的基本看法，其实在上个世纪的 70 年代便有断语，详细表述于《新旧的一代》一书之中。世界万物万事，都在不断变化。此消彼长。中国的"国运"，放到"世运"当中去看，也许更能使人深省。

刘雨虹老师在 2012 年出版的《廿一世纪初的前言后语》一书的"出版说明"中指出："南怀瑾先生常谓：立国之本是文化。中华民族经历千年万载，文化源远流长，在新世纪到来之初，正值世界瞬息万变之际，炎黄子孙何去何从？"

我理解的世运，其实就是人类的命运。普通人想到自己一生的起起落落，感叹人生无常多变，其实古今中外无数人的生命历程，才是真正的大人生。此中的道理，中国的古人早已了然于胸。2010 年夏天，我在一首短诗"让精神的天空洒满繁星"里，引用了唐人张若虚"春江花月夜"中的两句："江畔何人初见月，江月何年初照人？"隔日，何迪去太湖大学堂，给老师念了我的诗。南老师给我打来电话说他非常喜欢，尤其是春江花月夜中这两句。人生哲理，说到穷尽处，古今相同。人类的存在本身，其实就是一个最大的宇宙和历史之谜。南老师不断地向人们发问："到底生命是什么？"他一次次把这个根本问题放到大家面前。他多次讲，古代的哲学，其实很发达，中外都是如此。基因是什么？蛋白质怎么来的？人的生命怎么来的？人的思想本身就是问题，人怎么会有思想？思想本身靠不靠得住？我认识南老师二十二年，多次听他提及这些根本问题。他点及世界上现在一些物质很发达的国家，"其实很天真"。我体会他说的"天真"，是这些国家没有经历太多世事和人生的起起伏伏，只讲一些很表浅的东西，又靠霸权行事，不能解决人类的根本问题。

人类文明发展到今天，在物质进步、技术力量飞快发展的新时代，文明之间的关系出现了前所未有的新形态。南老师对国际上的这个新局看得很通透，他是真正地从世界看中国。在《廿一世纪初的前言后语》一书中，他写道："明朝中叶，在'正德'、'嘉靖'、'隆庆'、'万历'这四个年号的一百年间，正是公元的十六世纪阶段，欧洲文艺复兴运动开始，由此而改变了西洋文明，而使人类历史渐次进入世界性全球化。"

文明之间的关系出现了新的形态，问题在于，各种文明本身，尤其是经历过长时段历史沧桑的文明本身，其内在的精魂、生命力、自我修复力，是个什么状况？其外化的张力、影响力、化育力，又是个什么样貌？

一切都是古老主题的现代演绎。

南老师把演绎做到了一个很特殊的境界，他讲儒释道、讲修为、讲作人，他非常善于把"小我"转成"大我"，把个人修养连到家国命运。这种思考与引导，大概正是中国文化的精魂与生命力的体现。

这是当代中国人需要认真思考的大问题。我的许多次现场感受是，南老师在触碰这些大问题时，绝不说空话，他用的是"心"和"情"。参加过 2009 年 9 月在太湖大学堂禅修的同学都一定记得，他在讲到中国文化断层时，一时泣不成声，全场被他震撼，一片肃静。这种"心"和"情"，大概也是中国文化的精魂和生命力的体现。

2012 年春，我到太湖大学堂参加了为南老师庆祝生日的一个活动。几十位小朋友书声朗朗，歌声朗朗，大学堂内，生机盎然。6 月，我应邀去给太湖实验小学校的家长们讲一次我对世界格局和中国文化的课。我先把讲课的详细提纲"经济全球化与文化失重"送呈南老师，他看后即让马宏达先生转告我："赶快发表。"28日我去太湖正式演讲，南老师先在主楼内看现场转播，后来亲自来到现场，坐在后排我目力不及之处，一直到我讲完才手持拐杖上台来，鼓励有嘉。晚饭后分别时，南师说了一句让我终生难忘的话："你要常来，我明年要走了。"一位始终以自我的生命来实践生命的智者，把一种生命现象，说得十分淡定。

3 个月后，老师真的离开。

近一年来，我从无数怀念文字中，感受到老师的精神力量，又一次体会到中国文化的精魂和生命力。这才是生命真正的延续。

南老师常说："立国之本是文化。"他又讲过一段极其深刻的话："过去中国三千年的教育，政府几乎没有花过钱，民间却培养出那么多人才，做了很多事业，所以这个国家至今还屹立在世界上，永远是个文化大国。"

去年秋天我有一挽联，拜托马宏达先生代献。今年春天，北大哲学系李四龙教授告诉我，他有一位博士研究生，专门研究南怀瑾，我将挽联抄给他看，嘱咐暂不公开。今日成文，特附于后。

一世纪垂范　施帐西方　化雨神州　细谈人生三教谛
廿二年相随　叩钟香港　鼓琴上海　难忘太湖一杯茶

相识南怀瑾先生

强文义
哈尔滨工业大学教授

1991 年 10 月，由国防科工委主任丁衡高、副主任聂力和台湾润泰集团董事长尹衍樑先生，在北京组建了光华科技基金会。由尹先生出资，主要奖励为国防事业建设作出突出贡献的科技工作者。理事会由南怀瑾先生任理事长，聂力、贾亦斌、尹衍樑等任副理事长，高等学校参加理事会的有清华大学张孝文校长、东南大学韦钰校长、国防科大陈启智校长和哈工大副校长强文义，国防科工委王寿云任秘书长。理事会组织很严谨，下设评奖委员会，每年评选一次国防科研战线的优秀项目和先进人物。

1991 年度首届评选，哈工大有 32 人获奖，占奖励总数近一半，而且刘永坦教授获特等奖，韦永德、穆英、吴广玉获一等奖。在 10 月召开的理事会和奖励大会上，我代表获奖数量最多的单位在大会发言，感谢基金会对我校科技人员的厚爱，并请尹先生代向南理事长致敬，还向南理事长赠送了由我校研制的仿金材料制作的天坛大佛像。

在这次理事会上，我认识了副理事长贾亦斌先生，他是南先生的好友，时任民革中央副主席，据说曾和蒋经国先生合作共事过，为人特别谦和热情。

1991 年 12 月，第二届国际制造技术会议在香港召开。会议主要由蒋震集团资助，我校参加会议的人数较多，除杨士勤校长参加蒋氏集团理事会外，其他教师和我住在一起，我们通过校友朱育诚，借住在新华社香港分社在跑马地的宿舍。参会人员有蔡鹤皋、王仲仁、刘庆和、董申等。这次在港除参加学术会议，参观蒋氏集团工厂，以及和蒋震先生、蒋丽莉经理商谈合作事宜外，我首次拜访了南怀瑾先生。

由于贾亦斌先生事先知道我要赴港开会，因此在我们未到香港前，贾老就事先电告了南先生我有意到港后去拜访他。因此在我们抵港后刚住下，还未参加会议时，南先生已通过新华社香港分社打听到我们住处，并相约我们去他住处相见。

16 日晚 6 时，我和蔡鹤皋、王仲仁赶赴港岛坚尼地道他的会客处，南先生热情地接待了我们。他给我们的第一感觉"非一般常人"，面目清秀慈祥，十分和蔼可亲，因而肃然起敬。那晚我们在他的"人民公社"共进晚餐，谈了很多，真是一见如故，恨相见太晚。席间我们谈了对国内外形势和许多问题的看法。南先生说你们学校能培养出孙运璇先生、王兆国先生这样的人才，这次光华科技奖一次评上你们这么多人，你们学校是不简单的学校。

在谈话中我们了解到他对两岸关系的观点是：（1）弘扬中华文化；（2）促进两岸文化交流和统一；（3）引水归源（希望台资企业到大陆投资）。我们特别谈到了对苏技术引进事宜，南先生对此特别关切，说要抓紧时间，加大力度，现在许多国家都在设法引进苏联的技术和人才，现在还有 2—3 年好时机。

当我谈到哈工大和苏联有悠久的合作历史，哈工大教师俄语好，这些年人员交流往来密切，引进了不少高新技术，南先生特别高兴，希望我们一定要抓紧时机，加大引进力度。当我说到去年我们自筹经费 50 多万元，有 200 多人次和苏联互访交流。南先生说还要加强，并说你们去年花费的 50 万元经费我负责补给你们，你们回校后马上告知账号，我给你们汇去，一定要组织更多教师引进苏联的新技术，聘请苏联的优秀人才，以后引进的费用我可帮你们筹措，但时间要抓紧，现在美国、新加坡，连台湾都在打苏联的主意。

这次赴港和南老师相见，虽然时间只有几个小时，但给我留下很深印象，建立了深厚的感情，虽然那时彼此了解并不太多，但他的远见卓识，宽厚真诚待人，巨大的吸引力令我终身难忘。同去的蔡鹤皋、王仲仁都说南先生是一个"高人"，一席相见，受益匪浅。临别时我赠送给他一幅由他的书页照片和诗词组成的精心刻制的铜版画，他也赠给我们一批他写的书籍，再三嘱咐我们办事要抓紧。在旁一些来访的人亦很惊讶，南先生初次见面，就答应支持我们50万元去开展对苏技术交流。内地很多学校领导来访，希望得到南老师经济支持，南老师都很郑重并进行了多次考察后才确定。

回校后，我把此事向杨校长作了汇报，大家意见一致，非常感谢南老师的支持，表示一定要很好应用这一渠道，把对苏技术和人才引进工作做好。我又找了校外事处长赵敏，告诉她南老师支持我校对苏交流经费之事，希望她很好运作，她亦很高兴。后来她提出，最近对苏交流，对方提出要支付美元，能否和南老师商量提供美元。于是我又和南老师联系，南老师很爽快答应改为提供8万美元资助，希望我很快提供银行账号，并在此之前，发来一封热情洋溢的信，内容如下：

哈尔滨工业大学

校长强文义先生勋鉴

　　1992.1.13日发来的传真收阅。

　　去年12月下旬，先生等在港晤面，言及国际

现势及苏联情况，当即建议　贵校应迅速行动，争
取引进苏联技术和聘请苏联专家事，有关欠缺经
费，已面言支持人民币伍拾万元。

时不可再，机不可失。如仍困守成规，先在计
划书及　贵我双方如何签约作业，行见一切皆成过
去，所谓箭过西天，尚在刻舟求剑，则毫无意义，
了无价值可言矣。

我们国人，数十年来习惯，人与人间失去信任
心理、一切徒事口号及徒托空言文字，深为可叹。

我们今既当面决定此事，须知我言出如山，义
无反悔。而且此等事全仗临机应变，难有定规。故
一切以信任　贵校，信任你强校长文义的人格才
能。望统照原议，迅速实行。

并即告知极为稳妥如何汇拨款项办法，当即
汇去。

至于　贵校办事使用项目，一切均照会计条例
习惯，实报实销。俾我方藉以静观后效。使资今后
当否参考也。

事急时难，匆此即覆，并祝春釐。

　　　　　　　　　　　　　　1992. 元 .15
　　　　　　　　　　　　　　南怀瑾

　　但是正当我积极和南老师协商，并申请中国银行外汇账号时，突然一天书记和校长找我谈话，让我放弃接受南老师经费支持事，说南先生的经费和台湾方面有关系。我告诉他们，大陆很多高校，北大、清华、上海交大、东南大学等都和南老师有密切联系，得到过南老师的支持。北大吴树清、张孝文、上交大翁史烈、东南大学韦钰等，经常去南老师处，聂力和南老师更有深的交往，南老师的支持是没有问题的。但他们坚持，并说此事是省里安全厅的意见。我当时真是想不通，很多学校争都争不上，南老师看重我们，我们自己还出了问题。我极力不同意他们的看法，但他们态度十分坚决。

　　这时南老师已多次催促，让我将银行账号电告。但我这边组织就是不同意，我真是两头为难，我只得向南老师推说经常出差，无时间去办理账号，一直拖着。在此困难时期，我去京找了航天部刘纪原部长告知了此事，他即让部保卫部长帮我了解和处理此事。我又去找了时任国台办主任的王兆国同志，作为校友他特别热情接待了我。当他知道是南先生支持经费，开展对苏技术交流事，他特别高兴。他说南先生是最爱国人士，是我们和台湾当局政界和企业界联系的桥梁，为国家和两岸合作交流做了很多好事，他当即给安全部贾春旺部长办公室打了电话，不巧人不在未接通；接着又给安全部金鹰副部长打了电话。由于兆国的过问，问题才得到解决。其中我还和兆国谈起，南老师支持浙江建设金温铁路事，外经贸部对南老师出资筹建亦有疑虑，兆国亦即打电话给经贸部，让他们支持南老师对金温铁路的投资。

但时间已拖了几个月，中间南老师对我每次推说出差，没把银行账号办下来已有所察觉，特委派金温铁路筹建处的李景山先生来哈。李景山原来在牡丹江市外事办工作，以后调到浙江外事部门工作，再以后在南老师主持的金温铁路筹建处工作。他来哈后并未先来找我，而是去了省外办和安全厅作了了解，最后才和我见面，因此他已掌握了我迟迟未建账号的原因，亦已将有关情况向南老师作了禀报。因此南老师特别生气，认为黑龙江省和哈工大的事不好搞，连他的一片诚意都产生怀疑。但此时我已将问题得到解决，中国银行的账号亦已建立，并已电告了南老师。南老师还是忍气吞声地把8万美元汇到了账号，但他亦表示，以后再也不过问哈工大的事了。我对此亦感到特别内疚。在以后南老师通过尹衍樑先生，又在国内设立了光华教育基金，用来每年奖励国内高校优秀学生，但列入奖励学校的名单已有20多所时，其中还没有哈工大。

1993年秋，航天工业部将香港康力集团收购，并改制为香港航天科技集团，在深圳市银湖宾馆召开了成立大会，刘纪原部长在会上聘任我为香港航天科技集团顾问，希望我每年能经常去香港咨询，并为我办理了香港暂住居民证。因此我可以自由出入香港，亦有机会再去看望南老师。在我再次去南老师住处看望他时，他告诉我误会已经过去，有些事不能责怪你，但时机已丧失。他告诉我，我们那次交谈后，他考虑了很多，希望我能把对苏技术和人才引进工作做大。他说前些时台湾一个代表团去苏联考察，看到他们经济很困难，给了他们很多钱。南老师知道后对他们说，以后不要随便给钱，把钱给我攒着，我有用。他说他准备给我筹集500万美元，用来引进苏联的技术和人才；如果要引进重大装备，还可以为你们筹措。现在就像谈恋爱失恋后，再也没有那个热情和劲头了。我说那时我也曾想，除了对苏技术引进外，还想请您支持我经费在威海办学。南老师说，哈工大的事情，我是不想再过问了，如果你将来退休后想办个私立学校，我会全力支持你。

在以后几年中，我因经常去深圳和香港办学和办事，有机会经常去拜访南老师，我经常把对苏交流中取得的成就，学校发展中取得的成绩，以及我在威海和深圳办学情况向他禀告。他对我每次去看他都十分高兴，并热情款待。

我很喜欢读他写的书，他亦经常送我一些他的新作，有时我亦去书店购买一些他出版的书籍，介绍、赠送别人，我每次出差带的书，亦主要是南老师的著作，其中《历史上的智谋》(即《历史的经验》)是我反复阅读的课本。

1998年我从领导岗位上退下来后，去港的机会少了，主要从事科研和研究生的培养工作，我把全身心都倾注于此，力争为国家多做些贡献。但心里还是十分挂念南老师，过年过节通过电话进行问候并寄些贺卡。

2000年10月，我托人给南老师送去了"文房四宝"和一信，信中禀告了我的近况，并对老师以前在对苏技术引进上给我校支持表示感谢，对我们在处理此事上的失误表示歉意。对此南老师回了一信，内容如下：

强文义校长：

2000.10.20日来信及文房四宝等礼品均已收到谨此谢谢！

对你办学等等工作的努力成果，极为钦佩。至于来函谈到当年给哈工大经费，输进苏联科技学术等乙事，老实讲，贵校处理手续等极有问题，素来觉得是一件非常疚心的事，实在不愿再提，这是我们多年来的隐痛教训。因为你再提起此事，所以顺

便补充一句，不足道也。此致 即祝

时好！

二〇〇〇年十月二十三日　南怀瑾

　　以后我知道南老师致力于在江苏吴江市庙港建设太湖大学堂，亦很想为之做点事，但力不从心。记得一次南老师处来电询问，东北的房屋建筑如何才能保暖，我了解后告诉他们要墙厚，双层窗，屋顶加保温材料。有一次又问我，和苏州地方政府打交道有没有熟悉关系。我因长期远离故乡，对社会接触很少，未能提供什么帮助。2004 年南老师在上海，刚好我去上海交大出差，和他相约在徐家汇他的办公室拜见了南老师，并共进了晚餐。看到了老友李素美等，亦相识了马宏达等新友，看到南老师身体还是那样健康，谈笑还是那样风趣，很是快慰。南老师告诉我，太湖大学堂建设遇到的困难比想象的还多，耗费了他毕生精力，但他还是决心把它办好。临别时送给我一些书籍，和由他主持的一套《去大后方》纪录片的录像带。

　　2008 年我出差去宜兴，事毕我向工厂要求，派了一辆车和王涛、王若维同志一起前往吴江市七都镇庙港，看望我常思念的太湖大学堂。由于马宏达先生的手机电话已换号码，因此多次联系未通，只得盲闯去了庙港。

到达大学堂后，门卫开始不让进，并告知南老师和马宏达先生均已外出，幸好在门口争执时，见到了在港时相识的谢先生。他让我们驱车到客堂，通报后出来迎接我们的是宏忍师，一见大家都很高兴，她告诉我，她一直在这里负责筹建工作，责怪我来时事先未联系，并告知以后的联系方式。虽然南老师不在校，她还是非常热情认真地领我们参观了所有场所（包括讲学堂、图书室、练功房、办公室、宿舍和食堂），介绍了学校讲学情况。我为南老师筹建的太湖大学堂的精美、宁静、高雅震撼，也想象到为此他付出的艰辛。我想以后有机会再来看望南老师。

回校后，我收到了南老师处寄来的新著《南怀瑾讲演录（2004—2006）》，春节又收到他寄来的贺年卡，我从心底里深深惦念这位我十分敬仰的老师。

2008年秋，我托侄儿强蕾给太湖大学堂送去一些家乡特产"阳山水蜜桃"和"阳山大麦饼"。南老师很高兴，将它分给了正在学校学习的小朋友分享，并给我发来一封便函：

致谢

强文义校长：承蒙丰赠名产水蜜桃等食品，正好暑期有小朋友等学生百余人，即以尊意分发结

缘。今代大家再三致谢。此致

二〇〇八．七．二十日下午　南怀瑾

2011 年新年，我给南老师寄去了贺年片，我在贺年片上写了"天各一方常思念，常阅圣书修身心"以表对南老师挂念，并祝他健康长寿。不久我收到他的新作《孟子与公孙丑》。

这些年来，我虽已很久没有见到南老师了，但从太湖大学堂的网站上，能经常看到他的信息，知道他经常给各界人士讲学；知道他主持的太湖大学堂，声誉和影响日益扩大；知道他身体非常健康，我亦十分欣慰。我衷心地祝愿，毕生致力于弘扬中华文化的巨匠，众生尊敬的南老师健康长寿！

后记

2012 年 5 月 24 日我将撰写的〈相识南怀瑾先生〉一文，邮寄给南老师参阅，并附一信和一张我和六位航天员合影的照片，信中我写道：

南老师：

久未相见，甚念。

　　最近我在写一些自己经历事情的回顾，其中写了〈相识南怀瑾先生〉一文。作为对南老师的怀念和感激。由于时间较长，办公地点几移，大量文件、信函丢失，因此许多处可能不当，仅供参阅，以作纪念。

　　　　　哈工大　强文义　2012 年 5 月 24 日

　　南老师收到信件和文章后，由于眼睛老花，请马宏达先生等读给他听，并高兴地请马宏达先生代笔，于 5 月 31 日给我发来一信。信函内容如下。

强文义校长：

　　今天接到你这位老朋友的来信，我今年九十五岁了，眼睛老花，所以请他们读给我。我听了你的文章非常高兴，你讲的都是老实话，我听后感慨万千，真是一切如梦如幻。

　　我现在老了，可是内外事务还是很忙。欢迎你有空来玩，来时提前跟马宏达联络。寄赠一套《列子臆说》存念。

　　耑此，即颂。

时安

　　　　　　　　　　　　2012 年 5 月 31 日

　　　　　　　　　　　南怀瑾（马宏达代笔）

我于 6 月 8 日接到南老师寄来的信和亲笔签名的
书，同时马宏达先生还将我寄去的文章原稿寄回，对文
中的几处有误之处给予指正。我即于 6 月 8 日上午 11
时 50 分给马先生发去了短信。

**　　马宏达先生：南老师的来信和寄来的书已收
到，十分高兴，谢谢南老师，衷心祝愿南老师健康
长寿。十分感谢你对文稿的指正。《历史的经验》
上、下册，复旦大学出版社 1990 年合一出版时更
名为《历史上的智谋》。　强文义**

马先生收到我的短信后，于 6 月 8 日上午 11 时 57
分即回电。

**　　谢谢您！该书流行的名字是《历史的经验》，
后来用的还是这个。祝好！**

7 月中旬我的家乡无锡阳山，正是水蜜桃盛产期，
我托我的侄儿强蕾给太湖大学堂通过快递发去五箱水蜜
桃，供大家分享。收到后，马先生即于 7 月 24 日下午 3
时 20 分来电。

强校长好！收到五盒水蜜桃，给大家分享，非常感谢！请问上次有没有寄给您《廿一世纪初的前言后语》上、下册？马宏达

由于当时我出差在外，不知书是否已寄到校，于 7 月 24 日下午 4 时 1 分匆匆回了一电。

马先生：来电收悉，祝您工作顺利！祝南老师健康长寿！强文义

8 月初，我出差返哈，收到了马先生寄来的，由南老师亲笔签名的《廿一世纪初的前言后语》上、下册书，当即于 8 月 10 日下午 3 时 23 分，给马先生去电致谢。

马先生：我因一直出差在外，今才返校，书已收到，谢谢。向南老师问候好，祝南老师健康长寿！强文义

8 月 10 日下午 3 时 31 分，马先生回电。

谢谢！您保重！

　　在以后的日子里，我通读了南老师新作《廿一世纪初的前言后语》。南老师的每一堂讲演都引古涉今，意义深远，回味无穷。

　　遗憾的是，这段时间，我并不知道南老师已病重，未能前去太湖大学堂看望南老师。

　　在中秋、国庆节日来临之际，我十分怀念南老师，于 9 月 29 日下午 3 时 21 分给他发去节日贺电。

　　　　值此中秋、国庆佳节来临之际，祝马先生节日快乐安康。并请代向南老师问候节日好！祝南老师节日快乐，健康长寿！

马先生于 9 月 29 日下午 3 时 27 分接电后即回电。

　　　　感谢！节日吉祥！

　　9 月 30 日，下午上网看到凤凰网上公布"南怀瑾先生已于 9 月 29 日 16 时在太湖大学堂与世长逝"。十分震惊，随即于 9 月 30 日下午 3 时 17 分给马先生发去一电。

　　　　马先生：惊闻南老师与世长逝，万分悲痛。特

电致哀，并向家属致慰问。"一代宗师驾鹤去，无量国粹留人间"。强文义

马先生当即于 9 月 30 日下午 3 时 27 分回电。

叩谢！

10 月 1 日上午 7 时 16 分，我请马先生代转唁电。

马先生转"南怀瑾先生治丧委员会"请代敬献花圈、挽联："沉痛悼念南怀瑾先生千古"，"一代宗师驾鹤去，无量国髓润人间"。
后生哈尔滨工业大学强文义叩拜

在此我将前电"国粹"改"国髓"，把"留"改"润"，因为南老师留下的精神、著作和教诲，不仅是"国粹"而且是"国之精髓"，将永久滋润人间。
马先生于 10 月 1 日上午 10 时 54 分即回电。

敬悉！叩谢！

10 月 2 日上午 9 时 28 分，马先生又来电。

　　知会：金粟阁网站特别栏目"怀师"公告网页已上线，可留言、留文章、留挽联、唁电。谢谢。

　　10月2日上午，我上金粟阁网站"怀师"栏目，敬献留言："沉痛悼念南怀瑾先生千古"，"一代宗师驾鹤去，无量国髓润人间"。后生强文义。

　　考虑到〈相识南怀瑾先生〉一文涉及的一些内容暂不宜公世，未在留文章栏目中刊登。

　　11月23日我在京出差，我想事毕后去太湖大学堂，瞻仰南老师遗容。我给马宏达先生去了电话。他告知我他不在庙港，在老家休假。并告诉我宏忍师电话，让我直接和她联系。于是23日我给宏忍师一电。

　　宏忍师：我准备25日或26日去太湖大学堂瞻仰老师遗容，以了心愿。去时再和您联系。

　　24日宏忍师给我来电，告知她26日要去港办事。希望我25日能前往，或等马先生回庙港后再去。

　　于是我在11月25日即乘机由京抵沪，并驱车直奔太湖大学堂。宏忍师接待了我。我在大学堂讲演厅南老师遗像前敬献了鲜花，屈膝叩拜了我敬仰的老师。我深情地说："南老师，我来看望您了，我来晚了！但您永远活在我的心中。"临别，宏忍师又将南老师的近作《孟子与离娄》赠我，留念。

老师与父亲

杨麟　口述

　　记得是 1955 年，我父亲（按：杨管北先生）作为理事长，代表"中华民国全国航联"参加世界船东大会的时候，在柏林酒店前的马路上倒了下来。酒店门房请酒店里一位叫阿格的医生来看，他是希特勒的心脏病医生，他判断我父亲是心脏病，立刻送到柏林医院治疗。父亲出院后，又在乡下休养了几个月，到了深秋季节，我们把父亲接到了纽约。

　　因为我妹妹讲中文、烧中国菜比我太太方便，父亲就住到妹妹家里，离我家只隔一条街。父亲住了三四个月，没有中文书看，还是沈家桢他们送了些（佛）经来，他看了以后，有很多问题要了解。

　　到了 1955 年底、1956 年初时，他回到了台北，以后开始正式打坐，也开始找德高望重、了解佛经的人。这以前，我父亲应该是认识南老师的，但并没有什么来往。前天，我打电话给毛妹了解情况，毛妹是我的继妹，老师教过她书。

　　照毛妹的讲法，促成我父亲与南老师接近的，是叶曼的先生田宝岱，因为他和我父亲很熟。所以后来，老师在我们家小圈圈里讲课，叶曼也都来听。那时候，老师的温州国语比现在的口音还重，我父亲大概只能听懂一部分，听不懂的可能需要找叶曼帮忙解释。到了夏天，老师讲课之外，同时兼带教毛妹和我表弟的太太念中国历史。

从此，父亲与老师每天来往，关系密切。我父亲的中文底子非常深厚，他在家里私塾念书，老师鲍四先生是清朝的进士。鲍四先生的弟弟七先生是秀才，他是镇江人，曾用镇江话教了我三年中文，现在我一定要用镇江话才背得出古书，念《金刚经》也是用镇江话，所以老师总笑我。

我1960年从美国第一次回台湾时，父亲就叫我听老师讲课，好像一个礼拜两次。一开始，听老师讲课的都是家里人，到我1963年再回台北去的时候，那已经是高朋满座了，都是大人物，家里人轮不到上桌。因为我听不懂老师的口音，讲什么更不懂，我是有机会就溜，反正人多，缺我一个人根本没人晓得。

但我那时候看老师，觉得他是个奇人，很奇怪。老师有道骨仙风，每个人看到他都是"老师、老师"，我看他也不老；每个人看到他都讲"啊，学问好！学问好！"我心里想，学问好和我没关系，他也认为我是"外国人"，他有多少道我也不清楚，我头脑里根本没有打坐练功这件事。但我父亲相信他，我就相信他，就这么简单。

那些听课的人都对老师非常尊敬，没有人认为老师是江湖术士。我父亲这么尊敬老师，他们也没有认为我父亲受骗、迷掉了。

我父亲平时住在山上的房子里，中午到城里的公寓，老师有空的话也过去公寓。直到台北莲云街房子租下来，给老师做办公室及课室，老师才真正稳定下来。这个地方是由善导寺方丈悟一法师安排租的，说起善导寺，本来是军方驻守的，我父亲动脑筋，军方才把这个地方放了出来。从大陆退下来的人，有钱的大多去了香港，没钱的到台湾。而老师又因为生意失败，什么都没有了，自顾不暇，连生活都成问题。老师讲，我父亲当时每个月都会资助他生活费，但父亲没跟我提过。

大概六十年代时期，过年时，我父亲会带一批朋友，由老师领队，到香港的大屿山去闭关，一段时间不出来。

那时候，我父亲并不是信佛教，他打坐念经，同时也看很多道家的书，念很多孔孟儒家的书，我们家里传统规矩很严，是孔夫子的一套。我父亲 1905 年出生，比老师大 13 岁，但他有问题就和老师商量，和老师谈。他们的关系真是君子之交，不是别的什么，就是研究学问。老实讲，我父亲跟老师是有缘，父亲假如不是因为心脏病，他也不会看佛经，也不会跟老师学佛修行。

多年交往，父亲和老师成为好朋友，1964 年和 1974 年，父亲六十、七十寿诞时，老师还作诗送给他：

甲辰午月杨管北居士六十诞辰书晶

由来名寿喜相俱　履渐时须认故吾
从此已明大智度　而今当重德充符
端居求缺方知圣　致曲能全要学愚
举世昏沉难独乐　华严行愿是机枢

百年得失眼前浮　荣辱何如酒一瓯
忠孝扪心无愧怍　儿孙绕膝好悠游
炉香贴妥灵山静　经卷翻寻泗上猷
午日偏中初甲子　德云峰顶豁双眸

甲寅五月，管北居士七十寿辰，自署室名曰：二乐斋，相交廿载，总其生平以赠

少年负气斗（鬥）名场　朝市山林仗义忙
曾友朱家师子贡　不轻原宪薄弘羊
盛衰遍阅荣枯色　甘苦深知进退方
不二门中余（餘）一乐　问心无愧对空王

老师对我父亲，真是没的说。1977 年 3 月 1 日，我父亲早晨进台北荣总检查身体，当天晚上心脏病复发，一直到 8 月 1 日去世。那时候，老师在闭关，是李淑君天天代老师去看望我父亲，因为我有公司要管，不能从早到晚陪着。3 月 1 日到 6 月 1 日期间，我父亲还是清醒的，躺在床上没事做，就想，想了很多问题出来问老师。那个时候他想的问题，我都猜得到，是人生人死的问题。我很感谢很感谢老师，因为老师跟他谈很多，所以父亲在昏迷不醒以前，从来没有觉得烦躁不安，他都很定。

但是有一件事，我一直不知道怎么讲。父亲过世后，有一天作七放焰口，我磕头的时候，老师在旁边笑起来了。我说老师怎么笑起来？他说："你爸爸在看你啊，他也在。"我说哎呀你怎么不告诉我，我应该跟他打个招呼嘛。老师说，他看你磕头他在笑，所以我也笑。我说老师，是真的还是假的啊？（大笑）

在这之前，老师讲经也好，和父亲谈也好，好像都是父亲的事，而且谈的东西十万八千里，像天上的事情，跟我没有关系，所以没有什么特别感情。但父亲生病和去世之后，我对老师的感情增加很多，并不是说我需要什么精神安慰，而是很感谢老师。

老实说，拿孔孟之道去了解佛经，如果没有老师指点的话，我父亲是进不去的。父亲打坐功夫到什么程度，我不晓得。但是如果没有老师，我父亲晚年的精神没法安排。真的！父亲一生志向大得不得了，气派又大，世面看得多，想得东西又多，但生了心脏病，什么也做不了。这个是真的很苦很苦，我到现在才了解他的想法。因为有老师，他的心情稳了下来；因为有老师，我父亲走得很安心、很安静，我真的很感谢很感谢老师。

后来到了 1988 年我第一次回大陆，我决定做一个宝塔，把家族的先人在镇江、台北的灵骨都迁到上海。为了这事，我到香港请教老师好多次。我说我从台北、镇江迁坟能不能迁？能的话怎么个迁法？火化后搬到宝塔里，有没有一套规矩？

老师赞成我把家里先人的骨灰集中在上海，因为我们和孩子们在上海的机会很多，所以造这个宝塔，老师给了很多意见，还送我舍利子。宝塔很漂亮，我造好了以后，回到香港给老师磕头，谢谢他。

因为迁墓的关系，我总是去香港请教老师，结果，看老师看出瘾来了，我只要去香港，都去看老师。老师就有这个魅力，但是什么魅力我也讲不出来。我是什么都不信的，人家问我有信教么？我说有，我是"肚皮教"，要吃，不吃不行。老师也不是漂亮，也不是会讲话，但他就有这个魅力，你跟他"黏上了"，就"洗不掉"，时不时想去看看他，这个很奇怪。

我听不懂他讲什么，但我也想去听听；老师不讲经的时候，我就和老师聊天，听老师讲故事，只要你讲出名字来，他都可以讲出故事。老师真是博闻强记，譬如有一次，我去厦门，看到郑成功的祠堂，有康熙写的对联，我说哎呀，康熙厉害，句子写得好！老师马上就背出来了，我吓一跳。这可不是唐诗三百首啊，是人家祠堂里的对联。

我想，因为老师的学问深厚，所以记得这些，否则不可能记得。

老师是怎么样的人？我相信，每一个人看老师都不一样，就好像每个人看观世音都不同。听老师讲话你会着迷，而且这个着迷不一定是当场，可能是一年以后，忽然想到。我现在想到老师聊天所讲的话，一大堆啊，从前我记都不记，现在常常会想起来，而且他就这么无意地讲来，你当时听了觉得没什么，过两日想，哎，有道理！是不是对我有好处我不知道，但是我觉得他给我很多鼓励，使我有很多不同的想法。以前不这样想的，现在会这样想，也许我年纪大了，应该是有所改变。

我说老师帮我很多忙，就是改变这个想法。你当时不觉得，回去几个月你想不完的，可以想到明年还在想，真的！他这个真厉害。老师的魅力就在这个地方，你一开始不觉得，但是后来情愿被他吸引。

2010 年的时候，老师打个电话给我说，杨麟啊，我把你的油库卖掉了。啊？卖给谁啊？他说卖给 XX。我说多少钱啊？他讲，那你去谈啊。（大笑）

老师是要我退隐江湖，不是老师逼，我不会卖的。但是现在看来，幸好卖掉了。同时，我一直做的扶贫基金，也是老师让我退，我就全部放了。如果不卖掉、放掉的话，我现在怎么能够坐在这里谈笑风生啊？

原来我想，全部都放掉，那我干嘛？老师一定是想办法要我打坐，这个问题大了，凳子上都坐不住，盘腿更不行了。但在老师去世前的最后那些日子，我心里说，老师，你留下来，留下来的话，我就打坐。

可以这样讲，假如今天我有疑难杂症、有问题的话，在父亲跟老师之间，我会去问老师。如果问我父亲，他会把我骂一顿，"不能这样做……"，而且我自己觉得，我跟父亲有很多想法不一样。

去问老师，老师会跟你讲。

但问题是，老师跟你讲的，要你自己去想。

老师就是一部经

——写在南怀瑾老师辞世一周年

吴研雷
上海富世投资咨询有限公司董事长
美国执业律师

　　接到来电约稿，希望我为南老师辞世周年纪念文集写一篇文章。接电话后，老实讲，我心里诚惶诚恐。我是一个闯荡江湖的读书人，从城市到农村，从国内到国外，几十年来虚度了无数光阴，只是在世纪交汇的时候，通过偶然的机会，有幸认识了老师，从此心中有了一个指路的老人。

　　我不是一个吃斋念佛的人，也不是一个研读经典的人，在老师面前，我只是一个偶尔有幸给老师聊聊人生经历，谈谈外部世界的变化，评论国内变革进程的普通律师。而老师对我的观察、对我的关爱、对我的指点，却真正给了我总结自己几十年颠沛流离人生的机会。从认识老师开始，屈指算来也快十年了。十年光阴转瞬流过，即使跟着看了一些老师的文章，参加了一些老师主持的聚会，细想起来，无修行心得可谈，无善德善行可吹，怎可在此刻说老师的事？我觉得自己只不过是运气好，能有机会在老师在世的最后几年中，时常有幸拜谒他老人家，亲耳聆听老师的教诲，亲眼观察老师作人做事的方式，从中汲取精神力量和鞭策，以此警戒自己做事作人。

所以我本不想将自己的一点点心得在大众面前献丑。回过头来又一想，自老师辞世后，我虽有数月闭门不出，但外面的风言风语此起彼伏，不时传到耳中，心中郁闷不已。在万籁寂静的时刻，每每想到老师的音容笑貌，体悟老师对人生百态的深邃观察，又看到老师辞世后，围绕老师身后诸多俗事的林林总总的万象百态，亦觉得倘若老师在世，也会哑然失笑，摇头叹息。终于体会到老师生前多次反复说的他本人"一无所长、一无是处"确实是见识深远，免了多少人间是非，让后人莫把老师的话语当成敲门砖，作为成就一己私利的幌子。所以，既然有这个机会，不妨也说说我如何看老师，说说老师对我的教益，也好让老师在天之灵再给我判个评语。

"你总算没有忘记中华民族的老祖宗"

我 1985 年去美国学习法律，之后留在美国首都华盛顿律师事务所工作了很多年。我回国后在上海认识了老师，老师不止一次对我说，"啊呀，假如当初我在美国的时候就认识你的话，你恐怕不是今天这个样子了！"我体会老师说这些话的意思，就是说，倘若当初老师住在美国华盛顿近郊期间，那时我能够得到老师的教诲，我个人的成长轨迹恐怕不会是今天这个样子。也许，我能早点领悟老师在他书中和演讲中所说的道理，给自己作人多一点指导。

老师家的饭桌前，常常聚汇了来自五湖四海的英雄豪杰，其中不乏在国内升官发财的人物，也有不少到过海外，或者是从国内到香港担任大公司领导的央企首领。在饭桌上，大家常常对各种政治、经济、文艺、文学、哲学等等各种话题展开激烈的讨论，交流各自的看法。往往到这个时候，老师总会把双手在桌面上一按，戏谑地说，"本委员现在开始开会，请某某委员发言。"很多时候，我老觉得老师的双眼在盯着我看，希望我能够发表一些意见。

对于从海外留学归来的人来说，似乎最大的毛病就是对国内现存的问题说三道四。我也并不例外。但是我毕竟是从上山下乡的草根中成长起来的，有过对中国农村社会的基本了解。因此，在批评当前中国现状的时候，我常常并不认同社会上某些名流对西方社会所有一切，抱着全盘接受的说法，包括其政治制度和市场价值理念。1987 年老师就曾预言，中华民族会有两百年的盛世。但老师在说出了这个预言之后，常常对其有他独特的注解。老师常说，中华民族这个民族很独特，经过了这么多的磨难，还是有它自己行进的道路。你们这些人现在有钱了，出国了，吃饭喝酒也不像过去那样需要凭票证了，吃饱了饭在这里骂政府，不过是发泄发泄而已。

每次我去美国回来看望老师，老师总是催促我多讲讲美国发生的事情。每次有些国内的名流人物，开始在老师的饭桌上滔滔不绝地讲起他们心目中的西方民主政治时论的时候，老师总是要把我推到前台，让我对此介绍一点实际的情况。我曾经在给老师的报告中提到过，虽然我对国内目前的政策和政治制度有着自己的看法，但是我绝对不能认同中国的土地上可以照搬西方的民主代议制。那些对国内政党和政治体制横加评论的人，实际上既没有在美国生活过多久，更没有直接的机会观察和了解为什么美国会有这样一个制度，这些人没有从宗教、文化以及立国时的背景，去考察为什么中国不宜推行美国的民主政治制度。但是社会上似乎把谈论普世价值作为一个主流思想观念来推行，似乎不搞这一套就不是真正的改革。但是反对此种论说的学者，同样没有建立起一个坚实的辩论基础，似乎是继续按照一种僵化的教条来进行辩驳。

老师有一次在饭桌上就直截了当地说过，你们今天批评中国这个，明天批评中国那个，实际上你批评的还是西方的东西，哪些是中国的东西啊？马克思不是西方人吗？孙中山搞的不是西方的东西吗？中国为什么会有这些问题？自辛亥革命以来，甚至于从太平天国洪秀全的时候，西方的思想就开始影响中国了，真正的危机是我们中国人不知道中国自己有什么好东西！老师的这些话，真正点明了目前学术界、思想界存在的尴尬局面。

说实话，真正要完全推进美国式民主制度的人物，其实并不具备治理中国这个极为复杂局面的本领。况且，美国的民主代议制度到今天不过实施了二三百年，中间还经历了废除黑奴制度、妇女争取投票权利、反对种族歧视等等激烈的政治动荡，甚至有过大规模的流血战争。对于中国的政治制度而言，国内被一种约定俗成的正统社会变革论所束缚，不敢真正用现代政治学理论，去系统研究中国两千多年来的政治制度演化的历史。从一个简单的历史事实来看，中国两千多年的帝制，除了换皇帝之外，这个制度没有根本改变，而且自辛亥革命之后，历届政府的管理上，依然传承了中华帝制制度中的相当合理的管理方法。老师说，我们老祖宗有很多治理国家的好方法，只不过我们没有真正地去研究而已。这个问题老师好多年前就点穿了，但是迄今还是无人能够下功夫去展开研究。

我的一位兄长催我好几年，要我根据在美国生活的实际了解，把对美国民主制度的情况作一介绍。老师也同意要我把自己的观察和见解写出来。经过几个月的时间，我从中国文化本身的传统以及美国政治的文化、政治、新闻背景的比较中，写了一篇关于美国民主政治的文章。后来文章完成之后，老师听了，就中国传统文化中阐述不完整、不严谨的地方，专门让宏达兄加以修订。最后成文之后，老师开心得不得了，亲自为我定了笔名，还敦促好几位学长去看。听到一些最初良好的反响之后，老师在一次饭后对我讲，"你总算没有忘记中华民族的老祖宗"。

不敢妄称老师的弟子

老师是一位有教无类、诲人不倦的导师。据我所知，老师对前来拜访的人，对身边的工作人员，都是不计出身，不看其表面衣着，一律给予同样的关心和指点。但是有一点，老师教人的时候，往往点到为止，以考验和观察你个人的悟性和修炼的决心。倘若你是到老师那里去拿一块金字招牌，或者是借着与老师接触的机会到外面炫耀，提高自己的地位，那你肯定会受到老师的谴责。他也不和你翻脸，就是拿高帽子捧杀你，用古人的诗句点拨你。

老师是一位通古博今的大家。我们从来不应该把老师定位在某一个领域、某一种学说的大师。最初我与朋友聊起老师的名字的时候，很多人都说"那不是一位佛学大师吗？"太多的人以为老师讲学，只是在弘扬佛法。但是以我的体会，老师所做的、所想的、所愿的，远远超出了单纯的弘扬佛法的范畴。老师的心里只有传承中华文明、保护中华文化的核心价值。他认为，中国文化有了这些，才得以历经多重磨难没有灭亡。老师除了倾心于传播他对佛经佛典的解说之外，就中国传统文化中的诸子百家，包括孔孟的儒家，都有极为独到的理解和研究。他讲道家的东西不太多，他说学《易经》是"玩玩的"，因为他说你什么都知道了，活着就没有意思了。说实在的，老师的潜台词就是，求道家的人太多只是求其术，而非求其道；倘若心术不正，道家的很多方法学会了，只能用来蛊惑人心，沽名钓誉。他无数次对向他求教佛经的人说，你不懂中国的文字，怎么能读懂佛经里的意思。

从来没有这样一位老人，能够对古今中外这么多的理论学说，保持着如此旺盛的兴趣和爱好。老师在饭后茶余爱听段子，有人在外面说老师是学佛之人，怎么可以听那些段子？而老师自己却说，真正的中国文学就在那些段子里啊！我的解读就是，其实外面那些官样文章，有几篇是真正反映中国文化功底，反映社会真实面貌的？

有一年春节，也就是老师刚搬到庙港不久。我照例去老师处拜年。有位老师身边的工作人员，经常照老师的指示办理老师的事。那天他喝了不少酒，他对我讲了一番肺腑之言。他说，刚开始追随老师的时候，心里总是不服气，时常动点小脑筋，但是后来所有的事情发展的结果都证明老师的话是对的。为什么这样呢？用佛家的话来讲，老师时时都在"空"中，任何新事物、任何麻烦、任何难题，因为没有固定的约束和羁绊在作怪，因而能见微而知著，防患于未然，凸显老师的远见卓识。所以在老师面前是羣不得的，是不能耍小聪明的。老师心中都明白，不过给你面子，不点穿而已。对于这些，我深有同感。而且进一步说，老师阅人无数，还没有一人能够真正成为他的学生。从这一点来讲，老师是带着遗憾走的。

为什么说无人能够成为老师的学生？也许某个人在某个特定的题目中，在某些特殊的事件中，做了一些好事、善事，那就一定会受到老师的表扬，老师会为此十分高兴。但是，无论何人，都没有老师那么崇高的意境，那么空灵的心态，那么儒雅的行为，那么潇洒的举止，那么慈祥的爱意。

2006年10月9日，我向老师递交了我的一份学习心得报告。老师在我的报告上亲笔批示："诚则灵，言之有物，很好的一篇报告。倘进一步，应非现今境界矣。"老师后来把我的报告和松涛兄的报告同时拿出来念给大家听，作为他春节开讲生命科学课程的引子。

我在报告中有这么一段话："多次亲聆老师的教诲，除了我本人得益之外，实在让我心里想到另外一个问题，那就是，要做一个够格的弟子实在很难。老师饭后茶余所讲的故事，嬉笑怒骂之间的道理，书中都有，为什么很多人还在老师面前重复同样的问题，以愚昧充高深？老师慈悲，诲人不倦，这么多号称的读书人，为什么不去冷静下来多多体会、多多反省、多多实践，以进步和醒悟来报答老师的慈悲心，反而仍然重复同样错误？老师在言谈举止之中，嬉笑怒骂之间，引经典警句，摘诗赋词章，借古喻今，教训棒喝，我们听懂了多少？回去以后又领悟了多少？思想过后，又有多少付诸实践？很少！这里也包括我在内！由此来反思更深层的问题：我们到老师处求教，究竟是为了什么？

我的看法：到老师处讨教之人，鱼龙混杂。或求遁世之法，或求长生之术，或求生财之道，或求升迁之谋，也有仅仅为了面上贴金，借南怀瑾之大名，在商界、学界、政界招摇过市，以求一时之快感（愿老师恕我不恭而直言师之名讳，在此仅仅是为了文句的力量而已）。然而老师却如一尊大佛，含笑面对芸芸众生，不分贫富，不分尊卑，只要口称一句'愿学'者，一律倾心传授。但悟到悟不到，则是各位当事人本身的造化了。我学到了什么？一个德字。老师亲力亲为，以德化人，才有我们今天的领悟"。

作承先启后的一代人

老师非常重视我在农村上山下乡后来又到美国留学当律师的经历。我 16 岁到农村种地，25 岁作为"文化大革命"结束后恢复高考的第一批大学生进入中国的高等学府，32 岁出国留学法律，又在美国当律师，然后再回到祖国，参与经济改革的大潮。在老师的眼里，中国有这么一个阶层，就是所谓的"老三届"，这些人大都出生在上个世纪五十年代，大部分都当过"知青"，经历过"文化大革命"和上山下乡、当兵做工人的底层生活。改革开放之后，正是我们这一代人有了上大学、出国留学、从商从政的机会。而老师早在美国首都华盛顿客居期间，就开始对早年参与中国改革开放的一批年轻人，进行中国传统文化和中国文化核心价值观的培育。几十年来，老师对我们这一代人用了不知多少心血和精力。

最初认识老师的时候，因为知道很多都是追随老师几十年的前辈，我到老师处仅仅是拉长了耳朵听老师讲，很少谈自己的个人的经历。后来因为有位朋友出了点事，老师关心这位朋友的情况，我就常常跑到老师处直接报告这位朋友的情况。有时坐下来吃饭，就对老师讲讲我过去的经历。老师听了以后，就敦促我一定要把这些经历写下来。他说，这个不是你自己一个人的事，这是一段历史，一定要好好保存下来。听老师的话，我开始将我在农村的经历，出国留学的经历一段一段地写下来。每两个星期左右写四五千字。每次把草稿发给老师的秘书马宏达兄，老师就要身边的工作人员读给他听。有的时候老师让我自己念，有的时候我不在庙港，老师就让其他人念。语句中发生错误的地方，老师还随时予以指正。我把这些经历大致分为下乡篇、留学篇和海归篇。老师亲自把这段经历定名为《狼口余生》，因为我告诉老师在东北下乡的时候确实遇到过狼。但是老师认为，人生这一步步走过来，无不是狼口余生的经历。我前前后后花了差不多一年的时间，几十万的文字，才把前面两篇的草稿完成。老师是一字不落地听完这些叙述的。最后一篇海归篇，由于牵涉到太多的今人今事，始终没得机会完成。老师生前嘱托我可以把人物姓名用代号记下来。但是历史总是需要记录下来的，我当谨记老师的嘱托，把这最后一篇也完成。

关于1977年底，我从农村到上海读大学的记录，我报告给老师最后一段的文字是这样写的："火车离开站台的时候，我的眼眶有点湿润了。尽管归心似箭，我恨不得一下子飞回上海，去看望久别的父母，去安慰那些为我担忧为我祝福的家乡父老。但是，想到我会从此离开这个我生活了九个年头的第二故乡的时候，我的心情是非常复杂的。看着车窗外向后逝去的一切，想到这里有我熟悉的山山水水，有我熟悉的朋友。即使是那些干打垒（一种简易的筑墙方法）的土坯房子，此时也感到非常的亲切，非常的舍不得。时至今日，我依然怀念那一片广袤的黑土地。我怀念那里的冬天，那清澈得发脆的冰寒空气，那披挂着重重白雪的松树，那亭亭玉立的白桦树，那轰鸣的拖拉机的声响，那播种机后面扬起的漫天尘土，那康拜因（谷物联合收割机）卸下的滚滚麦流，那打谷场上高高的粮仓，那香甜的包子，那可口的小鸡炖蘑菇，那醇甜的高粱酒，那辛辣的关东烟。我无法忘记我静静地长眠在北大荒土地下的战友，也无法忘记那些为我分忧解痛的淳朴的乡亲。我无法忘记我受过的苦难，无法忘记我曾经的困惑，无法忘记我在逆境中倾心呵护的微弱的希望，也无法忘记那些没有我幸运的朋友们绝望的眼神。

知识青年上山下乡的运动发起已经四十年过去了。恢复高等学校的考试也已经整整三十年过去了。我后来得知的一个数字，当年参加高考的知识青年有540万人，而1977年能够入学的人数只有30万人。我是那绝对幸运的30万人中的一员，我更是那540万人中间的一员，还有更多的人因为这样那样的原因没有参加那年的高考。我在北大荒的朋友中，更多的人是通过病退或者顶替父母工作接班的方法回到上海的。很多人在后面的改革开放大潮中被冲刷掉了，在体制改革中间下岗，过着十分艰难的生活，有的人回城之后也因病故去了。我并不因为当年考上了大学感到自傲，相反的，我感到十分卑微。一切的一切，都是命运的安排。为此，我依然十分怀念我那些与我一起赤身裸体烧窑的伙伴，怀念那些和我一起煮苞米糊的同学，怀念那些豪爽的东北青年。

当年的上山下乡是整个中国年轻人群的大迁徙。也正是通过这样一场人口大迁徙，我们这些城里的'豆芽菜'（豆芽菜是当年议论上海青年的一句贬义词。指的是上海青年多数身体单薄，细细长长，站不正、立不直，病病快快，经不得风雨的样子），真正了解了中国的农村，了解了中国的贫穷，了解了寻求真理的渴望，了解了做一个好人有多难，做一个有知识的好人更有多难，了解了当命运不公正对待你的时候，你的选择不是怨天尤人，而是自强不息。要说哪个人真正能够在逆境中先知先觉看得清方向的，那只是瞎吹。没有人能够在逆境中完全知晓未来是什么样子的。但是，在逆境中能够熬下来，那么未来是一定会给予你报答的。

在黑龙江的岁月中，我学会了熬日子。不管怎样，能够熬下来，才能等到境遇的转变。如今的社会中，太缺乏耐心，太急于求成，太急功近利。正因为如此，黑龙江的日子才是对于我如此宝贵。尽管我在农村的时候吃尽了苦头，但是至今我对此没有半句怨言。吃苦的时候真的是苦，真的不知道这样的苦难何时有个尽头。但是吃过苦的日子总是会过去的。已过去的，就不再怨恨了。古人有句：'日出江花红胜火，春来江水绿如蓝，能不忆江南？'我在东北的日子里，常常会吟诵那些忆江南的佳句。然而，回到上海之后，再经历了新的磨难和考验之后，那常常梦回的地方，却是教我成长的地方，北大荒"。

后来宏达告诉我，老师特别欣赏这最后的一段，而且老师听着听着也流下了眼泪。我后来再见到老师的时候，老师对我说，一个人如果经历了磨难而且能够有这样的精神去对待，才是真正有用的。我体会老师敦促我写下自己的经历，就是要我真正动笔、动脑子，去回忆总结自己过去的一切，从而对未来有着更加谦卑、更加勤奋的基本态度。

2011 年 6 月的一天，老师突然亲自给我打电话，让我去一趟庙港。在我与老师相识的很多年中，老师极少亲自打电话传唤我去庙港。我以为出了什么大事，当天下午就从上海开车赶到庙港。见到老师以后，老师对我说，前一天晚上他突然想到岳飞《满江红》的词句，又联想到我们老三届的境遇，随手写下了几句：

三十功名尘与土　　八千里路云和月
昔日知青今老壮　　承先启后向谁说

当时老师的视力已经不太好了，他说他是拿起一张纸就把这几句写下来的，一定要当面交代给我。直到看到老师的这些文字，我才慢慢理解老师在过去的两年中，总是催促我赶快把我在农村和国外留学的经历写下来，我才慢慢理解中国面临着一场翻天覆地的巨大变化，而担当这个承先启后大任的，正是这一代了解中国底层实际生活，吃过苦，同时又有机会在改革开放之后，实际了解中国之外发生了一些什么样变化的人。老师寄希望于这代人做好承先启后的事业，保证我们中华民族生生衍衍的繁荣昌盛。

老师传奇的一生，就是一部经；老师的言谈举止，就是一部经；老师的著述演讲，就是一部经。然而老师坚持说自己"一无所成、一无是处"，就是要我们不能把自己的思想困惑住，把修养的悟性困惑住。老师有时讲课激愤的时候，将大手一挥，说最终一切都是要放下，连释迦牟尼也要放下，连佛经也要放下，这才是真正的学佛求道的气派。在纪念老师辞世周年的时候，我把自己心中的一点点心得写下来，愿追随老师的同道朋友们，不去迷信任何有关老师的种种传说，要能真正体会老师自身的实践，以他孜孜不倦的教诲，为我们后世留下的这一部大经。

跟随南师的日子

林德深
香港中文大学医学院荣誉教授

　　在南怀瑾老师的学生当中，我的资历很浅，可是南老师在过去几年里对我的影响非常大，所以去年他离我们而去的时候，对我来说是一个很大的打击。回想当时很多同学都把他们的感受用文字记录下来，发表在不同的报刊和书籍中。我拜读之余，感觉到他们对老师的深厚感情，感受很深。我当时也有一阵冲动，很想加入他们的行列，写一些东西来表达我的感受。不过后来决定暂时搁笔，理由是仍然没有平复自己的心情，也不善将自己感性的一面用文字表达出来。

　　最近，听到刘雨虹老师要编一本怀念南老师的书，让同学们可以参与发表对南老师怀念的心情。我把握这个机会，希望把我的感受通过文字和同学们分享。我感到这几年有机会追随南老师，是我生命中非常重要的一页，这几年的体验把我的生命完全改变了。南老师已经离开我们几近一年，我现在可以比较客观、抽离地重新审视我在跟随南老师的日子里所学到的和所感受到的东西。

　　要了解南老师和我这一份缘，要从介绍我自己开始。在年幼的时候，是大概 15、16 岁读中学的时候，我在同学当中是一个出名的无神论者。还记得当时我经常与同学们讨论关于心灵、神、真理、生命等问题，最喜欢的就是和基督徒集体辩论，往往互相都不能说服对方。过了几年，到我 18 岁心智开始慢慢成熟的时候，我重新思考自己作为一个人与天地及世界的关系。我因缘巧合地参加了一些天主教团体的活动，接受了一些系统性的心灵的训练，越来越受到天主教徒、神职人员那种奉献精神的感召。再过一段时间，我接受了天主教的教义，领了圣洗，变成了一个天主教徒，开始了天主教徒的生活。

　　同一时期，大概 18、19 岁左右，我偶然接触到瑜珈这种运动。通过一些报刊、书籍和图片的介绍，我尝试自学瑜珈，去研究各种身体和心灵配合的实验。通过瑜珈不同的体位以及自己心灵上的一些训练，我希望可以明白心灵和身体界面的相互关系。但是很可惜，因为没有良师在身边指导，我在瑜珈的身、心练习中始终没有取得大的进步，后来甚至完全放弃了。当时对其他宗教的了解非常肤浅，对于中国文化的了解也不深入，尤其是中医学的发展，虽然有很大的向往，但是由于进的是西医学院，也没办法更深入地去钻研中医。但是很幸运的，在我大学二年级的时候，有机会趁暑假时跟一位中医师学习经络和针灸。从针灸得到的身体感应，包括气感和其他身体上的自然反应，对我后来了解身与心的互动影响很有帮助。但要进一步了解中国文化，尤其是道与佛的学问，直到我三十多岁，有机会接触到太极老师胡云卓医师时，才得以更进一步。

胡老师是一个在西医学和中国武术都很有研究的人。当我跟随他学习太极的时候，他常常把一些道和佛的知识灌输给我们。他喜欢说《金刚经》，也讲"精气神"的理论。我们在研习太极拳的同时，不知不觉地接收了这些知识。我相信从那时开始，中国文化的根已经慢慢在我的认知中出现了，可惜由于生活忙碌，这些文化的根始终不能够生长起来。一切还要待我接近五十岁的时候，通过彭嘉恒先生引领到香港北角佛教图书馆，才可以进一步开展。事实上开始时追随彭嘉恒先生的不是我，而是我的长子林敬生。他是一个勤于思考的年轻人，对于很多生命中的问题，他当时找不到答案，感到十分困扰，所以我介绍他认识彭先生这位老师。彭先生带了敬生去佛教图书馆，介绍了很多南老师的书本给他阅读。很快地，我们家的书架上就放满了南老师的书，所以家里开始接触佛法的第一个应该是敬生。我当时反而很少翻阅南老师的书，遑论接触佛法。

　　直到有一次，彭先生因缘巧合地请我到佛教图书馆，他介绍我认识一位少林寺出身的尼师。这位尼师在少林寺长大后进入了医学院，成为了一个主任医生，对医学和佛法都有深入的研究。我们讨论了一整个晚上，她提了很多修证佛法的法门，与在修白骨观中遇到的种种现象，激发了我的兴趣。作为一个医生和从事科学研究的人，我对于生理和心理的问题都有兴趣。对于尼师练白骨观过程中的体验，开始的时候我感到不可思议，几乎马上要界定这种现象为精神错乱，可幸我没有这样做。我把这种对我来说是全新的现象立为一个疑案，为了将来可以继续研究。但是在接下来的5—7年中，我对佛教这个名词仍然有一种抗拒，我相信这是一种传统天主教徒的执著，认为"佛教"是一种迷信的教。在那段时间的我，由于家庭产生了变化，人生也走到一个交叉点，有好几年生活十分混乱，甚至有点迷失方向，无论在个人事业上或者是心性的进修方面均停滞不前。过去对于中国文化的向往，在那段时间也没有任何的发展，对于佛和道，仍然所知不多。我明白不可以一直这样下去，到大概55岁的时候，我感觉要为自己开创一条新路，从混沌人生的局面中走出来。所以当彭嘉恒先生提议我去湾仔瑜珈中心跟他学习打坐时，我马上接受了。还记得每逢星期五下班以后，我们二十多人都一起跟彭先生学习打坐。第一次打坐时我已经感觉到非常舒畅，由于有多年的太极和站桩的训练，我的气机比较容易发动。在开始学打坐的时候，身随气而动的现象出现了。彭先生在我耳边小声地提点我，让我明白怎样可以松静下来。

后来彭先生问我："你第一次打坐有什么感觉？有没有昏沉？有没有散乱？"我的回答是："整个打坐过程中我游走于昏沉和散乱之中。"当然，随着后来多有练习，打坐带给我越来越多的满足，身体和心情上都获得很多收获。很快，打坐已经成为我生活中必不可少的一部分。差不多同一时期，彭先生也在同一个瑜珈中心里开办了一个瑜珈班，主要的学员都是我们扶轮社的朋友。我参加了，也通过瑜珈的练习明白了筋骨和内气是可以一起练的。当然，现在瑜珈也成为我生活中的一个重要部分了。

但是我的佛缘仍然要多等一年。到了 2009 年 3 月，彭先生邀请南老师出席一个晚宴，我有幸成为座上客。这个晚宴的主旨是欢迎南老师回香港，出席的近 50 人。那时候我对南老师的认识仍不多，仅知道名字；对佛法的认识也几乎等于零。所以参加这个活动时，我纯粹是为了捧老朋友彭先生的场去赴宴。南老师给我的第一个印象非常好。我发现这位老人家笑容可掬、和蔼慈祥，令人感觉十分容易亲近。在他身边围绕着他大批的学生和粉丝，有些为他表演瑜珈，有些背诵经文，另外几位作报告，有的谈笑风生、幽默风趣。整个晚上我被他们的风采吸引着，当晚我也有机会为南老师唱了一两首歌。从那时候开始，身体内似乎有一些化学元素启动了，让我对佛法和佛学减少了抗拒。

渐渐地，我感觉到有需要开展这方面的认识。接下来的几个月，受到彭先生和马有慧的鼓励，我开始翻阅南老师的书。这些书已经放在书架上超过十年，有一部分林敬生也读过。我一本一本拿出来读，开始是《如何修证佛法》、《金刚经说甚么》、《圆觉经略说》等等，一本一本地读，越读越喜欢，发现书里面原来有很多学问，像多把钥匙可以帮我开启一些新的知识领域。更重要的，它们帮助我明白了过去几十年都解释不了的问题。所以，后来彭先生提议一起去太湖大学堂拜会南老师，我马上掌握机会与太太李丹医生一起加入了这个行列。2009 年底，我第一次去大学堂参观和学习。现在整个情景仍然历历在目，南老师当时很喜欢在午后大概四点左右，去到他自己设计的咖啡厅里，自费喝上一杯新鲜磨泡的咖啡。我首次在大学堂里拜会南老师，就在咖啡厅里再为南老师高歌一曲，似乎老师和我之间的缘是从歌唱开始。

　　南老师对学生的教导有他自己的方式，在不同人的身上有不同的开示方法。在首次拜会南老师的当天晚上六点钟，大家聚集在饭堂，南老师以他一向的从容和幽默的方式来招呼席间的朋友和学生，当时我感觉到这个大家庭充满吸引力。第二个晚上，我有机会坐在南老师的主桌，饭后第一次做了一个口头报告。南老师要求我说遗传基因的新发展，我作了一个详尽的报告以后，南老师点头说"很好！"接着他问："基因背后还有没有什么？"我马上回答："当然有的，肯定有。"我明白到这是南老师给我的第一课。通过这种问答，他让我明白佛法里的一些精要，也是生命科学的精要。这就是南老师的弘法方式，他会测试学生，利用一些问题来帮助学生思考，来启发我们。当然，如果单靠在南老师身边上一堂半堂课，做一两个报告，接受三五个问答，就想学到佛法的精要，我相信天下间没有那么便宜的事。很快的，我明白到要再进一步去深入了解佛法和认识真理，一定要下决心改变自己的生活方式，多读书、多思考，努力修证，才能完成我一向追求的梦想。

　　所以，在接下来的三年中，我和李丹医师做了10次这样的访问，跟随南老师学习，平均每次都在太湖大学堂花上一整个星期。其间，每天都会在大禅堂中打坐修持，每天坐7炷香的时间。晚上的时候跟老师学习佛法，一点一滴地吸收他的教导。在这三年中，除了三次的口头报告之外，我也做了26份书面报告。每次的报告，南老师都十分仔细地听取，然后做出批注。在撰写报告和听老师批注的过程中，我慢慢从一个完全不懂佛法的新丁，渐渐地进入了佛的国度，开始欣赏佛的世界，这个世界原来是充满色彩，充满含义。作为一个科学从业员，我希望明白这世界的真相和背后的真理。在这个过程中，我逐渐明白过去几十年中自己在思考上的一些盲点，在论据上的一些谬误，在生活上一些可以大大改进的地方；我也越来越明白佛教、佛学和佛法的基本原理和它们的重点。

　　通过这几年的修证，我在生活上和心灵上起了很大的改变，生命越来越充满喜悦，身心都添了很多新的活力元素。在整个过程中，老师给了我很多鼓励。还记得有一次做完一个报告后，老师说："很好，我奖你两个半鸡蛋。"（意思是在报告中划两个半圆圈，听说最高是三个"鸡蛋"，也就是三个圆圈。）老师就是用这些轻松和幽默的方式来教化学生。当然，如果报告一无是处或错误百出的时候，老师也会毫不客气，十分严厉的批注。所以我无论是写这些报告，以及听取南老师批注的过程中，都怀着战战兢兢的心情，实实在在地去学习。老师对学生的期望很高，所以他会通过不同的测试来考核我们，还记得有一次在闲谈的时候，老师问："林医生，你可以背整首的〈八识规矩颂〉吗？"我当时跟他说："一年前我可以一口气背出来，现在我发现我对唯识的认识很皮毛，〈八识规矩颂〉背不出来了。等我日后再深入认识唯识的时候，我再背给您听吧，老师。"

当然，大家都知道老师是一个充满慈悲而乐善好施的人。我最记得他所说的是："我一辈子都没有钱，左手有钱来，右手就花出去了。"他的慈悲给我留下了很深刻的印象。在这三年70多次的接触中，我渐渐认识他的为人。他的行事、风骨和见地，都令我佩服得五体投地。刘雨虹老师和其他同学都在他们的书里介绍过老师的功德，但对我个人来说，我最感动的是他那种慷慨、无私和豁达。他的记忆力只可以用一个形容词来表达，就是"惊人"。在批注我其中一个报告的时候，他说："我说一个秘密给你听，我自从六岁之后就不会失念。"意思就是说在他六岁之后，他所有的事情都记得，这是非常惊人的记忆力，也是与生俱来的一种天赋。作为学生，我除了赞叹他的天赋之余，只可以努力不懈和虚心的学习。老师往往有他自己对事情独特的看法，对应当做的事情也有他的执著，所以能够在晚年的时候完成几项影响国家民族的伟大创举，包括金温铁路的修成，以及作为一个海峡两岸中间桥梁的身份，促成了海峡两岸的调和。如果没有一个强烈的信念和执著，这些是不可能成功的。所以老师的为人和行事的特质，也深深地吸引了我，在我跟随他的几年里，直接地影响了我对生命的看法。

在这几十次跟随南老师学习的过程中，除了第一课的答问之外，南老师给我的最后一课最为深刻。那是在2012年9月的时候，南老师身体转弱住进了医院，彭先生在上海和太湖先后发了很多次短信给我，敦促我和太太马上由香港去太湖。我们匆匆完成了手头上的工作，赶在9月底的时候去到太湖大学堂，接受了南老师给我们的最后一课——生与死的一课。为了这一课，我和李丹医师准备了多项医疗器材，也反复地讨论了生命与死亡等等的定义。作为一个医生，生命和死亡似乎是一些顺理成章、十分容易界定的现象，但是我们现在面对的是南老师，不是一个我们平时见到的普通病人。同学们对南老师究竟是处于禅定还是死亡的情况有一些争议，我们要再重新审视什么叫生命？什么叫死亡？为了这个，我和李丹医师进行了一连串的讨论，终于达成一个看法。我们应该分成两步来了解生与死：第一步，我们要为南老师检查，看他究竟有没有生命现象。如果没生命迹象的时候，我们需要再进一步做第二步的检查，看他有无死亡的现象。我们相信两者具备才可以说老师已经离开我们了。9月29日上午10点半左右，我们带着从医院借来的仪器给南老师做检测，陪同一起去的有南国熙、南小舜、宏忍师。我们一共5人，小心翼翼地花了一段颇长的时间完成我们的职责。到下午的时候，我在一个主楼办公室开的小组会议上宣布："南老师已经没有生命的迹象，部分身体已出现死亡迹象，身体不可再用了。"当我说到这里的时候，忍不住突然哭出来。我过去面对了很多的死亡，无论是自己家庭成员的死亡，或者是病人的死亡，我从来没有哭泣过。但是这次老师的离去让我有很大的感触，其他同学有不少人也一同落泪。这是我在三年来跟随南老师学习过程中做的第30个报告，也是一个关于生死这个重要生命科学课题的最后一个报告。

　　南老师过世近一年了！总结这几年追随南老师学习的过程，对我个人来说，除了在文化上对儒、释、道有更深入的了解之余，我也从南老师身上学到了另外两样东西：第一是如何做人，通过学习南老师的为人、涵养等等，我更加明白怎样做一个更好的人。另外，通过南老师因材施教的种种方式，我也学习到如何可以教化学生。当然，南老师身边的同学们，以及我的好朋友们，在我这几年的学习中也起了十分重要的、改变我生命的作用。除了彭嘉恒、马有慧这两个非常亲密的好友之外，在太湖大学堂由于南老师的关系，让我认识了很多朋友和同学，他们都在我这几年人生的转折点其中发挥了很大的作用，对他们我是由衷地敬佩和感激。

当然，对于我们都十分怀念和尊敬的南老师，我仍然感觉与他非常接近。还记得最后一次经过老师的咖啡厅时，随手翻开一本歌本，刚好翻到〈教我如何不想他〉的一页，我就站在长桌前再次为他唱这首歌。

写到这里，仿佛又回到太湖大学堂，南老师坐在咖啡厅里，仰首听着我为他歌唱。

明月映蓝天
——忆南怀瑾先生

李家振
佛教文化工作者

以往常说："光阴似箭，日月如梭"，此话真实不虚。南老师仙逝，转眼一年过去了。

一年前在太湖大学堂，南老师荼毗时，抬头望天，只有一轮明月映照在无有边际的蓝天上。那月亮不知照着多少人家，有多少人仰看，也不知还有多少人记得当时的影像。但对我来说这是不同于任何时候、任何地方的月亮，过去没见过，今后也不会再见。

南老师说过："江上何人初见月，江月何年初照人"，这是包含哲学、文学、科学全在内的。那一天，我没有哲学、文学、科学的联想，萦绕在心头的只有一个若隐若现的念头：一位影响深远、为人景仰的老人，当他荼毗时，除了真诚默念他的人外，眼前只有一片湛蓝的夜空，一轮皎洁的满月，这就是他一生的示现吧！

青烟袅袅融入明月映照的夜空。他走了，留下无尽的慈悲情、智慧意……当我听到宗性法师举火时的念诵，"梦！梦！梦！"三个字通过耳膜砸在心上。

南老师仙逝前我听到过一些传言，我不相信他会离去，但心头出现了疑云。2011年9月他曾给我一封信，敦促我抓紧时间挑起担子，完成《生前身后之谜与仓央嘉措》影视专题片。他说："你应该明白，我今年九十四，你也七十七了，趁我在，赶快做……"这段话不时出现在耳边。

2012年4月19日完成第二稿的样片，南老师连续看了三天，看后鼓励之余，语重心长地要我"进一步从文学美的角度去完善，务必与剧组一起将旁白、镜头、字幕配好，挑战自己，争取留下一部有历史文化艺术保留价值的片子"。

这段话我铭记心头，既感恩亦困惑，每想及此就如梦境一般。

在进一步加工修改中我曾到太湖，不知为何常有不祥的预感。我发现以往老师对我总是和蔼亲近地讲道理，但那几次他显得很急切，严厉地要我牢记他的话。联想到前述诸事，思绪紊乱，难以心安。

我以往有个习惯，有事难解时，会拿起一本书随便翻一页指一段。那一天起床抓的是《老庄中的名言智慧》，随手一指竟是书中"遁天倍情，忘其所受"，讲老子死了的故事。书中老师提到"人的感情自有喜怒哀乐，但若非要表现到极致才算伤心，这个感情就是违反天然的，已经忘记了生命的本来"。

"生命的本来就是'积聚必有消散，有命咸归于死'，有活着的生命，自然有归宿的那一天，这是必然的道理"。

高度的疑虑，催我与好几位学友通话，回答仍是模棱两可。很快收到了南老师火化仪式的知会，这一切真是不可思议。

二十多年前，在我与南老师见面之前，通过刘雨虹老师，佛缘之线已经牵上。赵朴初先生与南先生的会面，佛教文化研究所与"老古"合作出版的《雍正与禅宗》及一些活动已进行。而我通过活动读到、听到有关南老师的言行，产生了心向往之的意愿。我深感南老师是真正的有道之师，他真诚、慈悲、有智慧、重实行，对自己要求很高，心所想的不是自己的名、利、地位、成就、功业，而是"起心动念是否能独善其身，是否可兼善天下"。

他所说的"行远自迩，登高自卑"、"功勋富贵原余事，济事利他重实行"这些道理，震慑我心，使我到今天还能过坎上路。

老师对儒、道、释融会贯通，对明心见性的佛教智慧有修、有行、有证。他告诉我们"学佛从佛法入手，不为佛教的宗教形式、宗教习惯、宗教行为所限，走的是佛修行之路，解决生死问题"。我学佛甚晚，不过在这些理念上，与老师有佛缘。

我一生多难，经历了众多坎坷，过了知天命之年，似乎已到山穷水尽时，忽然得个转身处，进入了从未想要进入的领域——佛教文化研究所。由于经历多、见闻广，涉及过的人事也很丰富，加上赵朴初先生的影响，使我在这领域中比较容易摆脱文字的束缚和权威的影响，在佛法、佛学、仪式、习惯中较多地倾向佛法。在办具体工作中，亲近了一些善知识，明白了一些道理。其间又抓住了整理经典考据、传统文化传承这条线，坚持做去，直到今天。可是因为经历多，我虽然明白了不少事，也似乎有些成绩，尽管努力做事、很少欲求，但在貌似潇洒的言行后面，还是常常陷入以往情境阴影中。

1994 年在厦门南普陀初次见到老师，真是一见如故，为他的慈悲、智慧所感，产生了想向他倾诉的心情。此后几次去香港，老师对我都厚爱有加，但多次接触中，我无法当众说自己的坎坷经历。有一次回到北京，想到他宽容的胸怀，未加思索毫无保留地将自己种种遭遇与心情坦诚地写给了他。老师为我的坦诚所动，回了我一封长信，勉慰之中告诉我种种遭遇都是为我消业的佛理。这封信读后，使我如遇多年未遇之长辈，感动不已。虽然我身边也常有亲近的领导和有影响的前辈，但因为自幼即受过不少不白之冤，心中总有人与人"很难理解"之心。尤其在一日数变的政策下，因为愚昧、无知，却又不愿虚伪昧心，眼与嘴都很快、很尖，这种情况致使人们给过我伤害，而我也伤害过别人。我见到老师时已放下了以往的背负，在佛教领域一心做事，有一些成绩，平时很低调，得了一些好评，看来似乎表现得很是"潇洒"，但心中常有郁结。南老师看到我所述，一语道出症结。

他看了我写的散文与报告，说我真乃《法华经》中所述离家出走之一穷子，忘却衣珠之徒，至为怜悯者也"。又有一次他给我一封信，说到他与我的交情："完全出于道义。所谓道义，是我们素无瓜葛，只是一见便欣赏你的才气，以及你书生仗义的气质，这是我平生爱才的个性，为你缺乏好运而担心。"老师的信体现了他的慈悲心，一语道出我的症结，反映了他的智慧。

但他并不光给我心灵的抚慰，还严肃地指出我"始终忘却达摩祖师所说二入四行之义"。我的言行，"固然随处表现潇洒而解脱，但始终未能泯灭半生所遭遇之阴影。""在心行上，始终留住其情景，仍即长期被冤苦之带质境与独影境所困，实乃不求自智自度之大病也"。

在他的指点下，我对照自己，去理会达摩二入四行，认识到一定要舍除妄想、归真返璞，不信文解义、妄生枝节，住于寂然无为之境，先做到"理入"。

对自以为的冤苦，看到自己一生来到世上，只有负于人，并无人负我，认识"了即业障本来空，未了还须偿宿债"的道理。

对于以往接触的人与事，了知这都是因缘聚散无常，努力以"众生无我，缘业所转，苦乐齐受，皆从缘生，得失从缘，心无增减"。以此去看待无常之缘。

要下决心不再有个人所求，明白凡人处世皆有所求，有所求皆有所欲，如此必有得失荣辱之患。

努力去了解人空、法空之理，为除妄念，修行六度而无所为自身之行。这些理念消除了我心中的郁结，但谈何容易，烦恼还常常伴随着我。

以后老师让我挑起拍"仓央"专题片的担子，给我暮年一个新的人生。

这个题目是根据他对我的观察，认为我会愿意在他指导下做而提出的。这课题自 2005 年至今已近十年，还未能完成作业，但我已大大受用。

通过编"仓央"的本子，我从"不舍佛住，不违世法，不舍一切世间事，成就出世间道"中明白"佛、菩萨、众生不二"，认识到仓央的牺牲，使我对"不负如来不负卿"有了点理解。

事实上，如果不懂佛、菩萨、众生以及世出世法不二的真理，很难理解"不负如来不负卿"的真实内涵。

老师又让我明白了情的内涵的深广。他说："情之为用，非专指男女间，济物利人，方见情之大机大用也。"这使我摆脱了对形式、文字、语言……的束缚，认真从"情"字来看仓央、看世界、看人生，看佛与有情的关系。

同时我也感知到，如果不懂得五蕴皆空，色即是空，空即是色，不可能真正明白众生难以解脱的一个"情"字。

南老师告诉我，想编仓央嘉措纪录片只是一时兴趣，这是欣赏仓央的才华和他为求证密法而牺牲的精神，他的一生都是谜。

这更使我提高了对"万法因缘生"这一真谛的理解。如不认真在行中去明白的话，如何能理解众生在法与理上的关系。

但我在理清这些头绪时，还是很难做到情理贯通，学修并行，常常十分郁闷，想到完不成这一功课，却接了下来，很自责。老师看出了我的心思写信给我，要我"自由潇洒，切勿如理学家，自责太过"。否则，"七十年来难解脱，只缘飞絮太飘零"。

　　我糊涂荒唐的一生能有这样的老师指点迷津，这是多大的福报啊！

　　南老师生前最后给我的几句话是："要认真不要当真，学佛就是法无我，人无我，缘起性空，性空缘起，本来自在。"是的，认真是来世间一遭的责任，当真就有我执、法执之心了。真正明白缘起性空，理解妙有真空，才能随时解脱地走在无常路上，尽力为自己、为他人做点有益的事。

　　接到刘雨虹老师的电话让我写篇纪念文章时，那一天据报月亮会有日、月、地球一线的特殊现象，可是当天狂风暴雨，一无所见。对于月亮，今天的人们想看、想借月抒情，要议论、盼望光顾，也有人努力去登月，寻找可以利用的物质以便开发；但我想亘古至今被人向往的永远是皎洁的月光。此时我心中又显现出那一天太湖大学堂的一轮圆月。对我来说老师色身虽去，他的精神已融入月光，遍洒天南地北。

从学南师二十年

彭嘉恒
加拿大会计师

　　不知是谁先叫我"彭公子"，从认识老师后，这"花名"一叫就二十年。虽然我们家道不是很差，但比起战国诸侯或现代的大富豪，却是望尘莫及的。

　　1978 年我在加拿大读完大学，考取加拿大会计师执照后，就当作聘礼去澳门迎娶马家的七小姐马有慧，她是我在香港时的中学同学，并一起在加拿大读大学。

　　十年后，我们把在加拿大的会计师楼卖掉，回港发展。当时，报章杂志都在报导气功的奇妙，我买了一些气功书，其中包括了《因是子静坐法》，便跟着乱学打坐。一次偶然去大屿山的宝莲寺，看到了大殿上的《心经》，觉得很有意思，便请了本回家念，这是首次与佛法结缘。

　　1990 年在香港，我们的健身会提供了气功班，我学了一两个招式，回家教有慧，她便有感应，也开始练习起来。有一天与她走过郊野公园的一条小溪，那里水声潺潺，我和有慧停下来站一站，她一静下来，听着水声，便看到我整身白骨。

气功会的邱师父知道我好打坐，便介绍我看老师的《静坐修道与长生不老》及《易经杂说》。我一看便爱不释手，于是把老师的书全买回家。那时开始，我便没有再练气功，而是跟随《静坐修道》一书所说的身法、心法打坐。

1992 年 2 月，因公事路过台北，我们就到"老古"，希望探听到老师的行止。买书付钱时，我便问老师是否仍在美国，那职员听到我们的广东国语，便说，你们香港来的也不知道老师最近去了香港吗？刘老师听到这里，笑说要把那多口的职员记过。

我于是便骂自己，老师每本书上都印有香港"经世学库"的地址啊。那时"经世"还可零售，于是我每一两天，便去买一两本书，碰碰运气。有一次，真的碰到老师出现，但当时"经世"的职员还是不让我上前说话。

皇天不负有心人，终于有一天，"经世"只剩下一个职员，他大概常看见我，就告诉老师那个人又来了。可能是菩萨保佑，老师便亲自出来问我来意，我马上打电话给有慧，叫她立即来。老师问我们找他作什么，我便把有慧打坐的情形说了出来。老师那时刚开课，便嘱我们第二天晚上去听课。

两天后，老师就要我们到他那里上班。这样就开始我们 20 年追随老师的日子。

香港佛教图书馆

老师初抵港时，也曾公开弘法，那是在香港佛教图书馆，讲的是《解深密经》，当时的学员包括黄昌发医生、卫梦楷等。图书馆是何泽霖居士创办的，九十年代末，他多次恳求老师接手，老师推辞不掉，就找了台湾老同学亲证师来接手主持。后来图书馆提供儿童经典读诵班、静坐班、念佛共修、准提法共修、诵经法会。春节打七时，老师也多次去开示。但老师又想到，在香港弘法，粤语还是比较方便，便派了我去主持读书会，如是已十多年了。我和同学分享了《如何修证佛法》、《金刚经说甚么》、《圆觉经略说》、《楞严大义今释》、《花雨满天维摩说法》等书的研读。

Yogamala

老师认为身体还是需要运动的，便劝大家去学瑜珈。南国熙太太何碧默大概学得最好，2007 年底，她的法国老师派我去他湾仔的瑜珈中心教静坐，学员都很快进入状态。过一阵子，何碧默、卓娜和金马影后陈令智等，接手了那瑜珈中心，改名为 Yogamala 。2008 年 9 月，他们一行 18 人戏称十八罗汉，去太湖大学堂静坐修习一个礼拜，都得益不浅。2009 年 3 月，老师最后一次回香港，还特别去 Yogamala 讲课。

看了练瑜珈的人对静坐都那么快上手，我就特别在周六办了一个瑜珈班，为中年学员做静坐的前期训练，效果很好。

林德深医生

大外孙两岁时，身体很好，但他有蚕豆症，吃蚕豆、黄连、珍珠末等，会出现溶血性贫血现象，很危险的。在香港、新加坡等地，医院会把所有初生孩子的血液，送到政府的遗传中心检查，一旦发现这问题，就会告诉孩子的父母。若在美国，就不会发现孩子有这样严重的遗传病了。

香港的筛选工作是卫生署医学遗传服务中心负责的，恰好该中心负责人，是同参林德深医生。他自 1981 年开始参与该中心的工作，1990 年主管至今。

遗传工作一直都是吃力不讨好。林医生本是儿科医生，八十年代，有人邀请他到私家执业，收入比在政府多几倍，但他毅然留下，并继续攻读遗传学博士。

这二十多年，香港政府拨给他这个遗传服务中心的经费，超过 10 亿港币。这也应了老师所说，人生不是你赚到多少钱，而是你花了多少。世界上有七个最大的人类遗传学会，林医生现在是这个遗传学会国际联会的主席。

我们虽然 1995 年已经认识，但 2007 年底才有机会在 Yogamala 和香港佛教图书馆，与他分享老师传授的静坐心法。他第一次见老师在 2009 年 3 月，是老师最后一次来香港时。同年底，他第一次去大学堂，但他的见地和禅定的功夫进步之快，是罕见的。老师涅槃时，他和夫人李丹医生，是受委托最后检查老师身体的两位医生。

老师与彼得·圣吉

我们跟老师打过两三次七后，老师就觉得我们应该把位置留给其他新的同学。所以 1997 年，在香港太古广场写字楼大厦的一个讲堂，老师为彼德 · 圣吉开示那次，我们没有参加，只去了晚上的小参。

圣吉是麻省理工学院的学者，亦是《第五项修炼》的作者。这本书写于 1990 年，是他多年研究系统动力学及管理组织的心血，此书被哈佛大学誉为百年来最好的二十本管理学丛书之一。

1995 年，他创立了"学术型组织"的管理学，在来到亚洲时，第一次向南老师问"道"。此后，老师为他、他的友人及其他世界各国人士，主持了一次禅七。之后每逢来亚洲，他都向老师请教人生哲理及修行上的问题，也常写报告给老师，基本上皆由我担任翻译工作。

他与老师的缘分始于他中文译本的导读，内中提到："至于想要真正精熟……这些'新领导能力的上乘武功'，我还想不出有比禅宗大师南怀瑾先生在《如何修证佛法》中，所提示的'见、修、行'三位一体的修证纲要更好的指引。"

老师是本着中国传统的精神，对他"知无不言，言无不尽"。圣吉与老师有很多相同理念，他们都强调终身学习，亦都身体力行。他创办的"组织学习协会"，是一个网络，联系对此理念认同的机构及人士。

圣吉对环境污染感到忧虑，竭力提倡商业发展时要注意其持续性，尽量将物料循环再用，而不是最终变成垃圾。

老师将生命的"生、老、病、死"，以及物理"成、住、坏、空"的道理，解释给他听。其实世界上一切物质，亦是和我们人一样，都是本体所生。《楞严经》说：

"一切世间诸所有物，皆即菩提妙明元心"，所以污染环境，最终的受害者就是自己。

圣吉也开始担心美国的教育制度，为此而向老师请教。老师向他介绍"唯识"善恶心所和习气的道理。

2006 年 10 月底，彼得 · 圣吉博士带领 ELLIAS 团体成员来到了太湖大学堂。团员来自十二个国家之多，包括了联合国的专家顾问、各国企业界的领袖、学术界的精英等，在大学堂展开为期数日的参访研习活动。此次活动的对话，后来出版成《与国际跨领域领导人谈话》。

老师涅槃后，圣吉特别去了太湖大学堂，他每天还是继续静坐，也和同学们保持联络。

个人的得益

我们最初找老师，是因为有慧迫切需要老师的指导，同时我也一度迷茫，是老师的书和开示救了我。

因为 26 岁已经有自己的会计师事务所，要经常应酬拉关系、吃喝玩乐，业务又很费神，在刚认识老师时，身体亏损得很厉害。慢慢听从老师的教导，调节饮食、守戒，身体才好了起来。

跟随老师后，更加明白富贵浮云，心才慢慢安下来。

老师说，现代的学问很多都不是用自己的身心修证得来，都是研究外面的一切而来的，所以研究一旦错了方向，问题就很严重。譬如说，我 1972 年去加拿大，那时美国的营养指引是一份肉、一份奶类、一份谷类、一份蔬菜，一天要喝四杯牛奶。这四十年间，又改了好几次。现在肉和奶类比例少了很多，因为过多的蛋白质食品，已造成美国国民很多健康问题。

身体是很复杂的系统，几十兆细胞，怎样调理才好？打坐修习禅定后，身体敏感了，会避开风寒、冰饮，减少男女关系。但我多次请教西医，都说没有科学证据。后来慢慢明白，因为没有人资助研究，就没有数据，就没法科学证明。

老师在《如何修证佛法》说："今天科学愈发达，对我们学佛学道愈有帮助。这个时代的人修道，应该比过去的人容易才对，因为有许多科学的理论，给予事实上的帮助"。

在〈物理学步入禅境：缘起性空〉一文中，朱清时校长说："佛学认为物质世界的本质就是缘起性空。藏识海（又叫真如海）是宇宙的本体。物质世界的万事万物都是风缘引起的海上波涛，换言之，物质世界就是风缘吹奏宇宙本体产生的交响乐。"

现代科学证明静坐可让"脑波频率"慢下来，让脑波同步共振。功夫到了，就可以明白老师在《禅海蠡测》中所说："须知心物本为一元。心为其主，通灵明妙性之功能。物为其用，依附妙性之形质。然实二即一，一即二也。"

心随南师远行

何　迪　　　　　　陈小鲁
瑞银投资银行副主席　北京标准国际投资管理公司董事长
博源基金会总干事　　博源基金会顾问

　　南老师走了快一年了，我们对他的思念有增无减。20 年前与他初次相见的情景，至今犹在眼前。

　　1992 年是我们人生中大悲大喜的一年。上半年经历了父病母丧的痛苦。我当时正在美国霍普金斯大学读国际政治硕士学位，5 月下旬接母亲病危通知，未及参加毕业典礼就匆匆赶回北京，守候一周，送走了母亲。办完丧事，父亲因年初动脑颅延管瘤术后因不良反应再次入院治疗。料理完这一切，我又得赶回美国接回暂寄住在友人家的儿子和领取毕业证书。

　　6 月 16 日，在返美途经香港时，由我学术生涯的贵人、挚友袁明带领，我们首次拜见了南老师。一见面，老师就看出我和王苗面带戚色，遂为我们宽心。临别前，老师签名送了一套《论语别裁》并递给我一个红包，说："穷家富路，出门多带点，家人放心。"结识老师，于大悲之中得到了大喜。从此，我们又有了一个家——安顿心灵的家。

　　20 年来，从香港坚尼地道，到上海番禺路，最终到了江苏庙港的太湖大学堂，我们总有一座心灵归处的家园：困惑烦恼了，有地方去倾诉；高兴欢乐了，有地方去分享。去见老师就是回家，回家成了我们生活中最重要的内容。

　　现在老师出远门了，去了很远很远的地方，带走了我们对他无穷的思念。梦里时时相聚，醒来常常萦绕。受他恩惠与启迪的众生们以他们的领悟、得道、传承伴着老师远行，这不也是一种"富路"吗？

送别恩师

　　9 月 19 日晚，我得知老师由上海的医院转回太湖大学堂，气住脉停，主动入定。我 20 日一天寝食不安，心神不宁，遂于 21 日乘早班机飞上海，中午时分抵大学堂。学堂依然如旧，一边是八号楼内孩子们的书声朗朗，院内的学生们习武游戏；另一边是主楼的肃静庄严，为数不多的同学、工作人员在回廊穿行。同学见面，悲戚沉重，食堂主桌空空的，主座仍留在那，但不再有老师的身影。老师在卧室禅定，楼外已在施工茶毗炉。气氛凝重、心情凝重。22 日早上同学们聚集在禅堂为老师念经。我坐在回廊，遥望老师居处，20 年来的往事一幕幕地在脑中回荡，即拿笔记下了当时的感受：

阴霾细雨　青瓦白墙担忧思虑企盼心境
朗朗书声诵经传情　身躯入定　聚气凝神

三陪老人　世事洞明九四顽童游戏人生
儒释道法融会贯通古今中外　浑然天成

解疑释惑　润物无声坐禅打七如沐春风
护佑禾苗　四代感恩　慧根因缘　精神永恒

　　头段写了当时在大学堂的感受，二段写了20年来对老师的认知，第三段则写了老师对我们永远的恩情。近两年老师眼睛不好，在讲评同学们写的报告时，似闭目凝神，一动不动，但会突然睁眼打断读报告的同学，指出报告中引用典章、词句的错误。我当时就想这要花老师多大的气力呀！用耳听比用眼看出错误不知要多花多少倍的力气，费多少倍的神。说来容易做来难，老师就是心血费尽、耗尽，为了我们这些芸芸众生早开窍、早得道，小则惠及个人家人，大则益于民族与国家。"春蚕到死丝方尽，蜡炬成灰泪始干"，此时此境才真正体会到个中的意味，不禁心痛如绞，泪如雨下。

22 日，护持小组做出再观察七日的决定后，当晚我与海英搭伴飞返北京。人上了飞机，心仍在大学堂，看海英一路流泪，我心戚戚然。回到丽京花园，这是刚入住半年的家。家门口亮着灯，透光映出"禾苗居"三字，这是老师特为我们的新居题写的。我与王苗长年在香港工作，回京后则到父亲家同住，60 多岁了还没有自己的居所。年初终于建成了我们第一个居所，取何与苗的谐音，又暗含父亲一辈子从事农业，定名"禾苗居"，那是老师亲笔手迹。

回京后我们请 89 岁的老父亲书写了挽词"四代人受惠南老慈悲恩情长驻，禾苗居沐浴名师智慧因缘永存"，大家签名。算下来何家及亲友 30 多人、老少四代都感受过老师的恩情与启迪。同时让陈小鲁之子陈懋公（原名正国，由老师改为懋公）制作祈福卡，由老师给起名字的第四代、重孙儿们签名。老师为懋公儿子起名陈厚全。孩子的奶奶感到名字土气，想改一个，岂知在起名网站查找结果，陈厚全三字得分都是最高，小鲁直呼神奇。老师荼毗之日，由何昭代表，带着挽联、祈福卡前往太湖大学堂为老师送行；而身在佛国不丹的我们，攀上虎穴寺，在莲花生大师处，点灯诵经，为老师祈福；王苗为老师拍摄的大幅照片高悬在大禅堂中央。

小项羽帮

追随南老师 20 年，从来不愿也不敢在外面称自己为他的弟子，因为自知离他老人家对我们的期望差得太远了，称弟子有辱师门。刚认识老师时，老师戏称我们为小项羽帮，因为当时常登门拜访的陈知涯、陈知庶、来辛国、陈小鲁、秦晓、邓英淘、王小强……，和我们一样都是干部子弟。看起来老师是贬我们，说这批子弟志大才疏、有勇无谋，斗不过草根出身的刘邦，最后落个乌江自刎；实际上是老师的激励，对子弟抱有希望。他认为项羽有侠气、义气与正气，从人格人品上高出刘邦一筹。但要有所为，还得放下身段，学习真本事、真学问，吃得苦头、经得摔打，才能成就一番事业。

老师说小鲁是子弟中活得最潇洒的；老师得知英淘、小强欲探通天河，再造中国，立即慷慨解囊，资助两位作大江行；他甚至想剃度涯子，收为入室弟子。其实凡有抱负、想有作为的年轻人，都会得到老师的教诲与提携，不分贵贱，莫问出身。他常感叹一个国家、一个民族的衰败是从没有人才开始的，清末龚自珍这两句诗"沉沉心事北南东，一晱人材海内空"，常被老师引用。老师奉其一生，倾其心力，为我们这等后生解疑释惑，身体力行的感化如润物无声。

1993 年，我告别所喜爱的学术研究工作，准备下海与陈小鲁一起创建标准国际投资管理公司。我在中国社会科学院美国研究所从事中美关系史方面研究已有十年，先后两次赴美进修与研究，交了许多学术界的朋友，也取得了一定的成绩还小有点名气；而对经商，由于父亲在农业部门担任领导，我从来未沾手过一单生意，既无经验又无人脉更无资金。王苗极力反对，认为尽管社科院的研究环境不理想，但毕竟是个铁饭碗，快奔 50 岁的人了，下海太过冒险，为此我们大吵一夜，然后我们去请教老师。南老师很替我惋惜，后来还常对人说，何迪是个热心学问之人，下海经商，实非所愿。

但他看我决心已下，于是专门给我讲了"天下第一拳"的故事。北洋时期张作霖派黑龙江督军吴俊升，做他的代表常驻北京。吴到京后，拜见各衙门、码头，不论大小，见面就作揖，说："我叫吴俊升，初到北京城，人不识一个，全靠诸老兄。"如此半年，吴的公关大获成功。老师说你要经商，我就送你这个"天下第一拳"，遇事遇人都先放下身段，多问多学多求人。后来老师告诉我，这个故事是为我量身定做的，一来是个做学问的人，难免自视清高，二来是高干子弟，难以放下架子，这都是商场之大忌。在我们自创咨询公司，而后又进入瑞士银行的十几年中，也算取得一些成绩，但在成功之时，我都会想到老师给我上的第一课。

参加禅七

打七是老师给学生坐禅静心、修身养性、开慧根、释疑惑的大活动。1994 年，因刚下海，商务缠身而未能参加在南普陀的打七活动；2003 年在义乌为支持双林寺的重建，老师再次"打七"，我只参加了最后三天；2009年 9 月 13~19 日，老师在太湖大学堂举办第三次"打七"，通知上注明：为专心学习，静心修炼，在"打七"期间不得打手机、办商务、看电视等等一系列规定。因我平时总借口出差、居无定所、难以坚持坐禅修炼而未能认真听讲、学习、修炼过，这次机会难得，更何况宏达讲老师今后可能难再举行这种规模的"打七"活动了，所以我决定报名参加。刚到大学堂，素美姐就告诉我，老师知道我报名了，还问我到了没有。

进了禅堂，开始老师先教我们坐禅入定的基本要义，而后是 40 分钟的打坐，然后起而行香。老师手持香板立于中央，香板一拍，大家站立，听老师"讲解"。行香时要"举足轻如灵猫捕鼠，下足稳如泰山压顶。"

在行香之中，我不知道规矩，冒然离队向老师请安。老师双目睁睁，视我无物，完全不像平时相见之和蔼可亲，我心一惊，马上归队。而后七天，天天老师近在咫尺，但不敢再趋前问候，使我感受到老师威严的一面。

开始前四天，坐得我腰痠腿疼，脑子里如脱缰野马，难以入静，只盼引磬一响好舒缓手脚。老师传授了呼吸法"呵、呼、嘘、吹、嘻、呬"六字诀，十六特胜……后三天自感渐入佳境，不再腰痠腿疼，而是浑身舒畅，脑清目明，达此意境后心似特别敏感，老师讲的话，得感悟处，会不期然而泪下。在老师讲完忏悔文："往昔所造诸恶业，皆由无始贪瞋痴，从身语意之所生，一切我今皆忏悔"，由宏忍师带领大家唱诵之时，边唱边流泪竟然难止。七天下来，真感到了"坐禅打七，如沐春风"。

令我更感动难忘的是老师以 91 岁高龄，从早 10 点至晚 8 点为大家讲课，经常是手持香板，站立而言，既无麦克风又无座椅，一讲常常是半小时。老师是用自己的生命为弟子授业，使我体会到什么是"大慈大悲，普度众生"的真正含义。七日结束后，老师到茶室接见了我们。一见老师，我禁不住拉住老师的手大哭起来，当着众多同学，也不觉失态。说不清是七天里日日见老师而不得交谈委屈而哭，还是心灵感悟受到老师精神的巨大震撼而泣。老师又回到往常的和颜悦色，一边给我拿纸巾抹泪，一边说："没想到你来，没想到你能坚持七日。好，好，好。"听了老师的表扬，非但不觉高兴，反更觉惭愧。自我母亲去世以来，不记得我有这么放肆地哭过。老师的话"诸恶莫作，众善奉行，因果报应"刻在了心上，他讲"几十年的阶级斗争教育，使人防人，心胸太狭而无平等之心，不敢相信别人，也不相信自己。这一代人生于忧患，死于忧患。但是要记住因果报应，要为下一代奠定基础。""离开这个禅堂，永远有个影子在心中，很有好处"。

下海又上岸

2008 年，在步入退休或退至二线之时，秦晓和我决定成立一个独立的智库——博源基金会。在之前，曾向老师汇报过，老师对我能重返学术感到由衷的高兴。他多次让我动笔将自己的经历写下来，他说："这就是中国的活历史，马上开始做，每日 200~300 字亦可，因为老之将至，待到记忆衰退，老眼昏花之时，想写而无力，无情，则悔之晚矣。不要想做大文章，可信手拈来，随性而做，否则将会落笔难，成文更难，手涩思顿，犯眼高手低的大忌。"1993 年下海，老师教我"天下第一拳"，2008 年上岸，老师对我学术、写作的难处判断准确极了，教我动笔，由简至繁，由易而难，实是重操旧业的捷径。

在中国办智库难，办成理性、包容、开放的智库更难，因为要牵涉到各种各样方方面面的问题。2011 年初，秦晓和基金会遭到一些人的攻击以至诽谤，传到了老师那里。4 月 18 日秦晓、陈小鲁夫妇和我们一起去大学堂。晚餐后，只剩下我们几人之时，老师一改过往的谈笑风生，而是很严肃地批评我们"太平日子不会过，找罪受；拿出钱来买烦恼"；他讲"千古为治者不在多言"；不能"自慢"，自以为比人高明；他又讲到项羽帮，是公子哥，逞一时之意气，其实"君王切莫忧巴蜀，称伯由来非蜀人"；让我们不要太荒废精神，去争一时之短长，而要沉下心来好好读书做学问。他说"世事正须高着眼，宦情不厌少低头"，少低头有两解，不屑于低头或低一下头；随行的金路冒失地说，现在的中国总需要一批公共知识分子站出来说话。老师厉声说："谁是公知？我不是，秦晓你是吗？！"老师真是语重心长，除了批评，还有鼓励。他说"能受天磨真铁汉，不遭人嫉是庸才"；并用他 13 岁时就已背熟的，石达开致曾国藩诗中句子来勉励我们："儒林异代应知我，只合名山一卷终"、"起自布衣方见异，遇非天子不为隆"。

像东林党，尽管遭受宦党迫害，但其清议留下了对时代的看法，让我们不要去理会攻击，大丈夫能屈能伸。

　　这是我记忆中老师最严厉的一次批评，批评的背后是老师对我们的一种深切的关心和爱护。他常说，历史并无对错、是非，只有因果、报应，不希望我们事未办成身先死。他讲了东林党人后代侯方域的故事，侯方域、陈贞慧、方以智、冒辟疆皆为名人之后，称明末四公子。他们组织复社，抨击明末政治昏庸、国家衰败；而在清军压境劝降之时，侯又为抗清名将史可法起草了"复多尔衮书"；侯方域与李香君的爱情穿插于明末清初的时代大变局之中显得格外动人，由孔尚任写的《桃花扇》成为不朽名作。其中李香君的以死相争，血染纸扇，艳若桃花，明里显示了对爱情的忠贞，暗里隐含了对气节的坚守。我当时就想起了"文革"中以死相拼的第一人——邓拓，他在参观东林学院后写下：

东林讲学继龟山　事事关心天下间
莫谓书生空议论　头颅掷处血斑斑

　　老师的良苦用心，说我们是小项羽帮，老师是恨铁不成钢！

　　小鲁第二天写了"有感南老教诲，撰一对联，与秦、何兄共勉：万景眼前过问何人可知天命，千虑心中生唯智者能观自在"，横批："道法自然"。老师看后，大加赞赏，说没想到小鲁有这等文采与悟性。

平凡中的伟大

广树诚
联合国开发计划署丝绸之路项目负责人

从询问电话到担任副总干事

记得 1981 年春，我参与重组"中华民国满族协会"时，恰好正在阅读《静坐修道与长生不老》，书中以平易近人、真诚扼要的风格，说清楚讲明白了一般外行人难以了解的、古文化中的大道理，令人极为赞叹。

为了进一步了解南老师其他著作，拨了电话到老古出版社询问。接电话的是位老先生，亲切地以江浙口音的国语，告知十方书院开了佛学课程。就此，展开了学习之旅，企图探求生命真相。

事后方才知道，当时接电话的长者，就是南老师，而且老师对我在电话中的礼貌，还颇为赞赏。因为清朝时满族人很重视礼节，后来，老师还经常要我当众示范三跪九叩的古礼，并表示这是"礼失求诸野"的典范，因为我是满族血统。

但我对此表达过不同意见，认为满、蒙、韩、日等通古斯民族，自古就已重礼，并非全自汉地学得，也因此至今仍然传承礼数与规矩。老师听后，不但没有不高兴，还呵呵大笑说"对呀，也有道理"。

回顾和老师亲近的日子，他在日常生活中，最谨言慎行、持守不懈的，就是进退应对的礼仪，也常以此来判断人的德行。

等到正式到书院上课之后，更感觉这位风度翩翩的长者，身材清瘦、个子不到一百六十公分高，仙风道骨中却又透露出掩不住的风流潇洒，身着一袭飘逸的中式长衫，总是飘扬出一种淡雅的清香。

老师讲起课来，更是幽默风趣、深入浅出、峰回路转、引人入胜。让人听得既欣喜又感动，特别是刻画人性之处，令人不觉开怀大笑，过瘾极了。

当时，我正面临人生重大抉择，苦于考虑应出国读书？还是继续从事丝绸生意？因此，当听到深刻而诙谐之处，不自觉地相应而笑开怀，此举有时惹来部分同学皱眉撇嘴，心中虽觉有趣，但也暗暗担心，恐怕老师也会嫌我唐突。

但是未料，有天上课早到，先到办公室询问问题，却碰见老师和朋友、工作人员等吃晚餐。见到我后，居然招呼我一道儿用餐。从此，我也就大咧咧地赖上了，经常到点露面打牙祭。这时候我才明白，老师并不介意我在课中大笑，反而觉得那是我有所会心的反应，而且能够坦然自在。

在上课与吃饭的过程中，老师进一步了解了我的情况，因而指点迷津，要我一方面申请学校出国进修，而在确定之前，可以担任东西精华协会的副总干事。就这样，我从一个陌生的来电询问者，变成了老师身旁的工作人员。

由此经验，可以见识到老师用人多元包容的气度。

七十万元与哈佛大学

在办理申请美国大学研究所时，需要推荐人，老师知道后，竟然主动表示可为我写信推荐。这对我能申请成功，发挥了关键性的一步。

收到哈佛大学区域研究所的入学许可后，我向老师报备请辞，也开始积极办理出国手续。一天，老师问我出国事，当我告知正在处理售屋，以便办理结汇时，老师表示需要多少周转金，以便及时完成结汇？

当我回答需要大约六十三万时，老师立即转头向会计小姐说"打开保险箱，拿六十三万给广树诚！"这真让我大吃一惊，完全没有料想到老师会有这样反应。

但是，震撼之余，"恶从胆边生"，因此也就"打蛇随棍上"地，开口向老师说"既然如此，老师就干脆凑七十万给我好吗？"老师表情一错愕，随即笑眯眯地问我为什么？我说"齿牙破损多颗，缺钱修补已久，想多借点钱趁机补全。"老师一听，哈哈大笑不止，立即下令凑足七十万，点交给我。

过了数周，房屋卖出后，我就提着钱袋到协会。刚进门，老师远远看到，就大声说"里面的利息拿出来，不收！"这又让我吃了一惊，想到老师还真料事如神，知道我会附加利息，但也暗自捏一把冷汗，想到倘若没放利息的话，这下子还真难为情啦！

这段经验充分说明了，老师对有志读书做事的人，那种慷慨解囊相助之胸怀与气魄。事实上，老师不但对我后续申请奖学金，持续帮助外，还赠送《朔方备乘全集》等书籍。对我这样一个陌生人，为何如此全力栽培呢？其实，南老师当时早已见到，边疆问题将成中国发展的瓶颈之一，因而期盼能为中国发展，多培养出一些边疆民族的人才。

只可惜，我到今天都还没能达到老师的期望，真是惭愧之至。但是如此开阔的思维及风范，让我感动至极，促使我改变了不少对汉民族的成见。影响所及，使我后来在联合国及边疆事务，参与若干关键性议题时，都发挥了微薄之力，从多元民族平等观的立场，也站在汉族的立场，向其他"非汉民族"的朋友，提出许多澄清与解释。

喜怒哀乐见真情

老师不止在讲座上幽默风趣，其实在生活中也一样精彩。而且，人前人后完全一致，永远自在轻松地参与世事，而无差别。同时不但再三声明，不要学生妄称神通与悟道，而且身心状态坦然呈现，毫无丝毫矫情做作。

老师对于各种宗教都予尊重，对基督教牧师、天主教神父及修女讲圣经，都极为赞赏，而对伊斯兰教徒的虔诚，及道教与民间信仰，也都以尊重之心平等相待。

生活中，在饭桌上，不但喜欢说笑话，也喜爱荤、素不拘地，听我俗话连篇的笑话，为的是让大家轻松愉快。但是对于公义与是非曲直，则绝对严正不苟。有时发起正义的怒火来，也还真是忿怒金刚，让当事者惊心动魄、肃然起敬。

老师虽然律己极严，但对别人的关怀，真是细腻无比、感人肺腑。不但帮学生看病、送药、解惑，就连路人与邻人也都尊重与照顾。举例来说，不论在台湾或国外，在居住办公室等行走处所，随时注意并维护环境的安全与整洁，就连电梯的管理，也要求自己和学生应当遵守，到了自己指定的楼层后，要将电梯操作送回一楼，以方便其他乘客。

至于接触三教九流的朋友，也一视同仁亲切真诚、平等以待。每当别人向他行跪拜大礼时，除非因应宗教仪礼需求，否则他决不单方受礼，必定立即同时向对方行跪拜礼，保持平等互动关系。嗳！光就这一点，足以让当今许多大师们，好好省思一番了！

换言之，老师在行住坐卧间，全在修行中，却无修行的形式样貌。回顾起来，你可能不尽然了解或同意老师，但却见不到他一丝虚假，该说、该做的都见证得到。真是不打妄语，处处留心，众善奉行在无形中。

整合与创新文化观

从南老师创立东西精华协会就可看出来，南老师一直倡议整合中外古今文化精髓，以为全人类服务。因此，若只将老师定位于"儒、释、道大师"的话，容易落入以偏概全的失误，而遗漏了他对全人类文明的关怀面貌。凭心而论，自古至今，能挥洒自如纵横古今学问，并整合各类文化于一堂，又已影响亿万中文读者的人，应该以他为第一人。

其次，他对艰深古文化的创新解读，开启了空前的思想新窗口。就以《论语别裁》、《静坐修道与长生不老》两书为例，其中论点真让读者瞠目结舌、大开思路。因而让此一世代的学子，从文化冷感转为文化热情，他老人家的功德实不可没。

虽然，南老师的等身著作，确也引起部分学术界、宗教界一些人士，对其中创新的诠释和观点，视为异端而不愿全然接受。然而自古至今，在人类思想发展过程中，各宗教与思想的派别间，一直存在不同观点，论断及非议新诠释，这也是社会人类中的自然现象。

但是，倘若论者换个角度，以南先生所持的人类文明总体观，以及超越宗教及哲学宗派的大视野，重新审视他的思想体系的话，当可理解到他那种"学问为人服务，而非人为学问服务"的特色。

就这几十年来，对两岸"文化的再诠释"的热潮而言，南老师的确深刻地启发了、全然颠覆与更新了新一代人对文化的认识与认同。发展至今，所谓"文化创意"的崛起，南先生所引发的文风与思想效应，当为后人所肯定与称颂吧。

尤其，当人类在二十一世纪面临巨大变迁之际，所需要的不正是能够整合新与旧，而能因应当代问题，具备创新特性的思想与观念吗？

所以，与其从某个思想或宗教派别的角度，站在过去时空背景下，审思南先生的诠释与论点，倒不妨由宏观的视野去理解，其为因应新时代需求，而将人类精神文明精华，加以时代性的包装与新意的发挥，以期对读者有所启发，可谓用心良苦。

由此观之，南老师一生作为，将有可能给后世留下的印象，就在他是位"整合新与旧、中与外文化，再创新观念、新知见"的划时代思想家吧！

为中华文化寻根　为中华民族安心立命

南老师毕生强调文化，但以整合创新为特色，正是他老人家面对中华民族生存发展需求，所提出的安心立命大法。回顾其一生，真是投入毕生心血，夙夜匪懈地阅读、写作、演讲、授课及随机点化和帮助人，就是为中华民族整合古今文化精华，以能为当代及未来世代，找出安身立命的精神根基。

虽然这种对文化重要性的理解，在社会上也已渐成风气，但是就过去几十年的发展记录来看，南老师不但在民间教导学生，也以特殊魅力、风范与因缘，影响各方领导人及关键人士。及至今日，业已产生无法忽视的巨大影响。

因此，南老师应是最有影响力的推动者之一，加上他的著作言行，早已以深入浅出的风格，风靡当代汉文世界，激起亿万知识分子重新认识及思考民族文化定位及发展的问题。因此，我们有理由相信，后世对他的历史印象将会把他视为，"促使中华民族务本归元、安置心灵软件的主要推手之一"吧！

超越宗教及民族鸿沟

南老师不是出家人，但是由于许多人对他的期望与幻想都高，加上国人往往落入"寻找神通上师以及批判从苛"的习气，因此若发现与自己想象不同者，就会以宗教性的最高标准，振振有词地提出非议。这对他老人家而言，其实相当不公平。

回溯历史人物或宗教界居士大德，许多未曾出家，也从未收受任何形式的供养，却经常大量地付出各种布施。因此，不必以出家规范要求南老师。真要比较的话，佛教的维摩居士倒是近似的先例。然而，若愿以平常心审视的话，既不必视南先生其为仙、佛，也不必苛求其不可有常人情事。因此，何不尊重他老人家意愿，以平凡人之心看待？

若能改换此一角度再看南先生的话，就会发现其以在家文化人之身，短短数十寒暑间，凭个人生命力，提供汉文世界，有关儒、佛、道文化的等身述作。还从四十年代开始，与自由出版社的好友萧天石先生，共同出版无数珍贵的佛、道经典与法本，和许多高僧大德一道儿，促使台湾成为全球复兴佛、道文化的圣地。

除此之外，南先生还为超越宗教及民族鸿沟、融合科学、哲学与宗教于一炉、打破门户成见及思想格局，孜孜不倦地致力于各层次的教导工作。

并以企业家之身，平日经营贸易及文化事业，并且不惜代价地创建金温铁路，树立民间建设大型交通项目先例，以及筹办太湖大学堂，以为国家民族培育未来所需人才。回顾这些开创性的划时代成就，种类和数量居然如此众多，着实令人惊叹不已，足以让许多修行人钦佩与惭愧。

结语

最近，在一次同学会中，热烈讨论老师行谊时，有位同学提出"过去几十年里，只要有同学表示，愿全心学佛修道的话，南老师是否必定全力支持到底？"

顿时，大家一片寂静。待回过神后，全都确认老师必定欢喜、尊重而支持，绝无例外。

接着，又提出了两个问题"我们为南老师作过什么？"以及"南老师教我们如何修行，我都做到了吗？"在一段更长的寂静后，大家都颇为惭愧地承认，我们大多都没做到。

回顾起来，我所见到的南老师，从未以直接或间接方式标榜自己的德行与悟道，也从不认为或声称自己是大师。但却处处从心所欲而不逾矩，实实在在、分分秒秒地，将道理落实在生活中每一个细节中。因而，虽然在外表上彰显出的，只是一位慈祥幽默风趣的平凡长者，却在一切时中，行出道法来，让我们充分感受到，在他平凡的生活中所放射出来的伟大。

谢谢恩师南公怀瑾老师！

我给老师拍照片

王　苗
香港中国旅游出版社副社长兼总编辑

拍照要出神入化

　　老师称自己为"三陪老人"，其中一陪是陪拍照。期望留下与老师相聚的瞬间是许许多多学生的愿望，当然也有慕名而来的，老师总是摆好姿势，满足拍照者的要求。而真正能给老师拍个人照的，我可能是最幸运，也是拍得最多的一个人。

　　第一次给老师拍照是 1994 年，在香港坚尼地道的 4 楼会客室。在这之前，有一位商业摄影师为老师拍肖像照，又打光又化装又让老师摆姿势，整整摆弄了一下午。照片中规中矩，当然非常漂亮，成为在大陆出版物中老师的标准照。而我去给老师拍照，是随机抓拍，趁老师与客人聊天时，抓拍下老师不同的神态。老师后来老拿我和那位商业摄影师作比较，说王苗照相不摆布我，而是随着我转，左一下右一下，不知不觉中就完成了。其实，也并非不摆布老师，但摆布的不是我，而是李青原。

第二次拍照是几年后，李青原请我拍她向老师学九节佛风。现在看当时的照片忍不住都会发笑。青原给老师梳头整装，素美姐给青原纠正姿势，老师在一旁指点；老师教功时一指按一鼻孔，让另一鼻孔喷气，青原照样模仿，我们后来笑称老师在教鼻涕功。这两次所拍摄的照片，老师非常喜欢，同学们也说把老师真正的精气神都拍出来了。在老师灵堂上挂的那张就是这次拍摄的。

第三次拍摄是 2001 年，我们随老师由上海长发花园出发，中途在松江陈定国夫妇家休息，然后抵太湖大学堂的工地。同行的还有陈峰。到了工地一看，满地荒草中间只挖了一个大坑，是主楼的地基。何迪与陈峰咬耳朵，金温铁路刚收手，老师又在庙港大动工程，这么大片地方何年何月才能完工？陈峰是办企业的，知道土木工程之不易，有多少关系要疏通，有多少工序要操心，设计图纸和模型已几易其稿，我们都担心老师不要累坏了。但老师那天心情很好，精神抖擞，步履轻盈，哪像一位 80 多岁的老人？他率领我们视察工地，又带我们走上湖边长堤。长堤小道两边绿树林立，长堤外湖水涟漪，老师从长堤走来，我按下快门。照片上的老人是那么开朗、自信，真有一种"不管风吹浪打，胜似闲庭信步"的气派。何迪也为我和老师合拍了一张，后来将它装贴在我 60 岁生日的纪念册中。没有老师，哪有大学堂！老师就是大学堂的主心骨，大学堂的魂。

　　第四次拍摄是 2003 年在义乌，老师讲修心养身，坐禅打七。当时双林寺尚在修建，只能在寺外搭建临时的帐篷房。同学们从杭州往来，都由王晓初请中国移动浙江公司的大面包车接送。除了派车，在打七结束后，还在杭州的楼外楼安排大部分参禅学员们午餐。老师始终记得这件事，一提到电信公司，就想到晓初的帮助。当时正值初春，春寒料峭，老师从早上 9 点开始，讲课带功，由于地方所限，无法行香，老师一坐就是 2~3 个小时，讲课有时到晚上。这次讲课后，老师大病了一场，据宏达说老师是大大透支了。我全程参加了打七，我的任务就是照相。这次应该是老师打七坐禅讲课环境、条件最艰苦的一次，但为了支持双林寺的修建，为提携热心其事的住持体悟尼师，就像佛经里所讲的舍身，老师是在用生命普度众生。

　　最后一次拍摄是 2011 年 4 月，是宏达主动约我，说老师身体情况不如从前，眼睛功能退化，来给老师拍拍照吧。近几年在大学堂拍纪念照，大都在晚饭期间，但老师眼睛怕光，晚饭时餐厅的灯光调得很暗，又不能使用闪光灯，我就抓住开饭前老师由办公室来餐厅的路上，在回廊中利用夕阳的余晖给他拍照。在晚饭前，我就蹲在回廊边上，老师拄着拐棍走来时，我就抓拍。老师一看我在拍照，还主动配合，有意放慢步伐。在老师去世后，我放了张当时给老师拍的一米五的立幅大照片，放在禅堂门口，仿佛老师并没有离我们远去，仍像往常一样，我们来时，他总起身相迎，我们走时，他总起身相送。老师啊，您的影像可以留在照片里，您的精神、关爱却永远留在了我们的心中。

妈祖庙的故事

作为摄影记者，我跑遍了中国几乎所有的省市，名山大川、民俗村落与文化名胜。老师爱听我拍摄中的见闻与故事。

八十年代初，我和同事在福建沿海采访，到了湄洲岛，台办的人说：我们遇到难事了。原来，老有台湾渔民偷偷上岛，到妈祖庙烧香。而这个妈祖庙旁边有一个军事禁区，部队决定拆掉这个庙，拆了庙台湾人就不来了。这可是妈祖的祖庙呀。于是，我去找了当时的福建省委书记项南，把这件事告诉他；我还写了内参，结果是部队被迁走，妈祖庙留了下来。现在这个岛上香火旺盛，成了著名的旅游地区。妈祖像还被请回台湾一次，成为当年的一件盛事。后来，我在出行采访中好多次化险为夷，莫非是妈祖在保佑我？老师听了这个故事，以后逢人便介绍我是救过妈祖的人。

老师说人文地理

老师的关心不仅仅是对我个人，而且是对我事业的支持，因为它和中国的时代变迁、文化传承、百姓生活、人生感悟相联。2001 年他为我主编的《华夏人文地理》作献言，他写道：

> 人文地理，乍看好像是一个新型的名辞，其实，它是人类文化中久已被人忽略而遗忘的学识，尤其在中国的传统文化中，早在秦汉以前，已经特别重视。即如儒家传统经学所谓"群经之首"的《周易系传》里，便已提出"方以类聚，物以群分"人文地理的纲要。演绎言之：从地球物理的时空方位来讲，人文和生物，在不同的时空方位，便有不同的生态，然后才有一群一群不同种类的文化形成。因此，在地球上有南北东西，五大洲，山川海陆，配合经纬度寒温变化的各各差别，形成人类种性等生活习惯人文文化的异同。

他列数了中国历代名书典籍中对人文地理的记叙，感叹：

> 王苗与我相识多年，平常他们伉俪和我过从，间或谈到人文文化衰落的问题，便有无限的感慨。现在她果然不出我的期望，欣然接受她的挚友靳剑生、杨福泉先生力邀，出任《华夏人文地理》杂志主编，与共同有志和有兴趣的同人，为张扬华夏大地的人文精神而作贡献。故不揣迁拙，略述所思，以应所嘱。

同年，我准备首次出版关于人文方面的自选画册，又烦劳老师作序。老师亲自将画册取名为《世间人》，在序中阐发了另一篇大道理。他写道：

> 世间人、人间世、人世间，这是以三个个体中文字构成的三个辞句，从表面看来，似乎完全一样，但从中文文字学的逻辑来讲，它的主题与附属的涵义和境界，却又完全不相同。人间世界和人的世间，都是以人为主题，世间和世界，只是附属于主题的时空表态。至于世间人，则以时空环境为主题的境界，以人类的人事变迁活动为主题的中心，

亦即中国传统文化所说的"天地人"谓之三才，是以人为天地间的轴心之人文意义。

但何谓世间？何谓世界？唯在佛学中特有演绎归纳的逻辑涵义，最为精到。佛说世间这一名辞，它包涵了有时间性的过去，现在，未来的三世间；同时又有"器世间、国土世间、众生世间"三个内涵，甚之又外加一个"圣贤世间"，共为四世间的定义。所谓"器世间"是指物质的世界。"国土世间"是指地球上的各个土地、人民、政权所建立分列的国际。"众生世间"是指人类和物类的群体存在。至于"圣贤世间"是另从人文意识，或哲学和宗教的观点，特别设施的一辞，应该另当别论。

由此而知中国文艺中常用的词句，便有"林林总总、芸芸众生"的名言出现，实亦概括由繁而简的文艺美术用辞，用这八个艺术的形容辞来说明世间众生相的错综复杂，美和丑，长和短，大和小，一概归之于美学的范畴而已。

然欲在此上下五千年，纵横十万里的全球世界中，试用文字或绘画来记述，或说明"世间人"的演变经历，简明恰当，并非易事。我认识王苗女士夫妇多年，每于茶余饭后，面对这一双贤伉俪，闲话家常。王苗每常出其多年来行万里路，自行摄影的艺术照片，藉以说明她曾亲自往返丝绸之路，以及康藏高原，乃至海内外等地的经历，对于古今中外"人世间"的演变感喟，足以发人深省，启迪遐思不已。是以在其创办《华夏人文地理》杂志，及出版《世间人》，以飨学者及同好之际，即为叙其缘起如此云尔。

老师教我放下

10年后，为了我60岁生日，全家人动手编了一本汇集亲友贺辞的纪念集，何迪亲找老师题名。老师题写了"王苗女史，友谊情怀花甲寿，雪鸿爪迹印春泥"，落款是"九四龄童南怀瑾"。我生日当天，何迪捧出这本装帧精美的纪念册，有南老师亲笔所题的名签，给了我太大的惊喜，感受到慈父般的温暖。后来，我带着这本独一无二的纪念册来到老师身边，他用刚动完白内障手术后的双眼，很吃力地看了画册中我与他老人家于2001年在太湖大学堂湖边大堤上的合影，还让我为他念了其中部分贺辞。听到动情处，老人家笑得眼睛眯成了一条缝，连说：好，好，好！并让马上给他复制一本。

南老师是我生命中十分重要的一位长者。无论什么时候我见到他，他都是那么祥和淡定。每隔一段时间我都会去看看他，已经成了习惯。我有时候办事太认真，遇到一些不顺心的事，就会烦恼急躁。这时南老师就会教我"放下"。遇到什么事情，老师总是微笑着说"没事了！放开点。"他教我遇到问题念"准提咒"。奇怪的是，念着念着，真的我就静下来了。我现在养成一个习惯，飞机起飞和降落，我就不由自主地在心里念"准提咒"，保佑我出行顺利，一路平安。老师还给我题录了王阳明的诗：

险夷原不滞胸中　凡是浮云过太空
波静海涛三万里　月明飞锡下天风

我把它挂在办公室座位后面的墙上，时常看着它。人如果能够达到这样一种境界，还有什么事放不下呢？我希望像老师那样永远平和而从容。

为写这篇怀念文章，我们整理笔记、刻录照片、回忆往事、追寻细节，我们想念老师，想得好心痛。这种思念之苦、之痛是无法用文字表达的，我们正体会着什么叫"刻骨铭心"、"永志不忘"啊。

如果没有那一天晚上

登琨艳
台湾建筑设计师

> 时髦新衣换长袍　只因明师来说教
> 我本红尘弄潮儿　缘何禅堂把磬敲
> ——改自清顺治皇帝诗偈

2001 年的 4 月 9 日下午，台湾来的建筑界前辈沈英标先生打电话给我，说南老师要请我吃饭。乍听之下，我以为自己听错了，还请问是哪位"蓝老师"，抱歉我不认识。他说是台湾的南老师。我说不会吧！是那位讲佛法的南老师？不要吓我了。后来知道老先生是为建筑太湖大学堂的事情来的，结果老先生所说的话，对我而言就是法语。

那天晚上所发生的事，我永远忘不了，而且历久弥新，但是后来我常在想，这是真的吗？我本是一个红尘都会弄潮人，只是因为那夜听闻老先生来我住处说法，我的人生从此大转弯。世间是有回头药，只怕人不吃，吃也一念，不吃也一念。问题是谁有回头药可以给你吃，而且你还愿意吃，当下就吃。

　　感谢英标兄的记事本还清楚地记着那一天老先生来我住处的事。

　　就当作是真的吧！可惜已经如梦如幻，如来，又已如去，好像曾经有过那么一个晚上，可是如果没有那群尚且健在的学长，现在说来已经不会有人相信了，连我自己都怀疑是不是真的曾经有过那么一天晚上。即便多年后，我胆敢又听话地回到老先生座下学习，我还是怀疑自己的生命里，是否真的曾经有过那么一天晚上，总是越想越不觉得那是真的，可是自己却扎扎实实每天坐在老先生面前。乃至后来自己搞得日夜颠倒，晨昏不辨，我仍然会怀疑是否真的有过那么一个晚上，是否老先生曾经来过我苏州河畔的工作室，是否来过我黄浦江外滩的住处。其实无论是真是幻，对我都很有意义，因为那一天晚上，送老先生和那群人走后，我赶紧拿起老先生著作的《静坐修道与长生不老》，看得一夜不眠，两点不到，就起身依书盘腿打坐，老先生就如同坐在我眼前说法。从此夜里两点起身打坐，天亮再睡一个小时的回笼觉，变成了我的生活习惯，并且越来越清楚自己的身体，也开始学习观察人的身体，从言行举止判断他的身体状况。

　　到太湖大学堂后，有一次我写报告，提起那个如梦如幻的晚上，老先生说："你怎么还提那一天的事。"两年后的有一天晚课，老先生突然冒出一句话说："不晓得是他骗了我，还是我骗了他。"这话我一听就惊觉话中有话，我就是再笨也不至于会笨到去骗老先生，而且问题是我也不觉得自己会被骗，因为老先生前来我住处的那天晚上，我看见他满口金光在对我说话，那场面就是开示，明明白白的开示，我听见满屋的法语，当然我注意那身藏蓝长袍，因为我向来是个讲究时尚衣着的人，也曾做过一件长袍。

那天晚上老先生对我所开示的话，后来都一一在兑现，我只好相信是真的有那么一天晚上了，那是如梦如幻的真实，而我却只能将那席话埋藏在心里。因为当时在场的人，却似有意似无意的好像没听见那些简直可以说是不可思议的开示；如同后来我回到老先生座前学习，我每天见闻的场面依然如是，所以我常觉得老先生对我们虽然慈悲无量，却也很可怜，我们对不起他。所以他不玩了，让我们自生自灭，因为他说法已竟，诸行圆满，法音常在，遍满虚空，如果听不见或听不懂，那是我们自己福报不够。明师座前，我们还依然成天嬉戏，门关了，置身火宅而依然不知的我们只有自求多福了。当然老先生关门前也明示说，曲终人散后，江山数峰起。所以今天我们看见学长们也开始在外弘法，我这晚到的，除了因缘教人自己所学的简单修养方法，实在没本事出门弘法，只好从网上看着大家说法了，老先生也说各领风骚数十年。老先生还说过我会活到一百二十岁，所以我相信还会看得见。

所以那一天我目睹那把火将老先生荼毗，我只能跪地不起，起不了，如同那一年我去佛国，在顶礼没有被阿育王打开的，保存着释迦牟尼佛舍利的蓝莫塔时，我也曾跪地久久无法起身，泪如雨下。因为入殓前，我看见老先生一如平常，所以就算日夜长坐灵房前的那十一天，我也没掉过一滴眼泪，因为不管大家怎么说，我还是以为老先生不会关门；直到今天，我依然如此认为，即便他肉身已化去，我依然觉得他常在我身边。

2008 年初夏，我因几乎已呈退休状态，长游佛国，因缘发愿修复蓝莫塔，而回来求见老先生。在办公室，我如实禀告修塔大愿，老先生说："印度又没有佛，你去做什么？那本来就是你的，你急什么？我已经九十二岁了。好吧！去吧！去玩玩也好，回来再来住两天。"又是如同那一夜曾经见过满口的金光，慑人眼目，我永远忘不了的那团光明，看来我尘缘已了。那时我已经捐款赞助联合国教科文组织，会期已届，必须前往尼泊尔参加伦毗尼的环境保护会议。晚餐入座前，老先生一面调着空调温度，一面轻声对我说："我跟你说我已经九十二岁了，你听到没有？"我怎么没听到！我只是听晕了，没有反应的闷了。然后整个晚上都要我向大家报告我的过去，而我其实不愿意讲，因为我的那些过去无论再怎么热闹，也都已如烟花散去了，我自己都想丢掉；但是老先生要我报告，我只好轻描淡写地述说了一些曾经发生在我身上的故事。

从伦毗尼回来，收拾行李准备前往大学堂的前一天，接到曾经一面之缘的尼泊尔驻上海名誉总领事的电话，说北京来的尼泊尔驻中国大使要到上海来考察，希望我也参加他们的考察会议，地点在上海市政府东邻的城市规划馆，我即刻答应参加，因为我知道尼泊尔政府有我未来修塔的因缘。而在同一时间，上海市政府要颁奖给改革三十年来对上海最有贡献的三十个人，我也是其中的一个，地点在上海市政府西边的大剧院，我没有答应去参加。

因为大学堂固定六点晚餐，然后晚课，我五点半以前就得赶到，所以请求总领事先让我发言。我言情并茂的表达我的尼泊尔修塔发愿因缘，说完话我就抱歉说，我必须先行离席，因为我也不知道从此自己要多久才会再出门做事，我要到一位可以传授释迦牟尼佛所教生命修持方法的老先生那里去学习。大使问我要多久，我说我无法回答，但是只要我会再出门做事，我一定会先到他的国家协助修复那座泡在水田里的佛塔。他说并不晓得他的国家有这么一座佛塔，只知道有释迦牟尼佛出生的伦毗尼园和迦毗罗卫国，他听了我的发言，满脸发红地垂下眼泪。

司机送我到大学堂，我也没对他交待我要在这里住多久。然后所有人就找不到我了，后来我索性将手机号码也换成苏州地区的，从此如同和世间断了线，如同从人间蒸发，开始我从习老先生的清净日子，也发愿不明道理不离禅堂。如果这一世有此大福报，能在明师座前学习认知生命的意义，而我都学不会的话，那真是眼瞎耳聋，心也盲了，他生来世就算再来，也不会有明师前来接引了。从此我一意孤行地长坐禅堂。

后来过了好一段时间，我才向老先生说起这件事，在上海红尘里奋斗十八年，最是光彩受奖的那一刻，我却选择老先生座前的一张蒲团。那天晚餐后，老先生要许江兄送我进禅堂，许江说："老师不让非出家人住禅堂的，你好大的福报。"是啊！从此我就安静地在禅堂坐了四年，并且后来在我答应要回台大城乡研究所教书的前一个月，老先生还拿了他的长袍要我照着去订做一件。我拿到上海裁缝店，裁缝师傅要我穿上试样修改，结果和我的身材一模一样，非常合身，哪里都不需要改。从此我变成了冬天一袭长袍，夏天一身白衣的老学生，然后忘记我那些昂贵时髦衣服。

后来因缘搬到外面租屋居住，对老先生说我在外面安营扎寨了，那天我看见老先生异常的眼神和脸色，其实我也说不出我当时的无奈，总以为这才是我可以继续在大学堂长住久安的学习方式。今天证明我当时的选择是对的，这四年真是一场豪赌，一场生命的豪赌，但却是我人生最美好的四年，最是辛苦，却也最欢喜，如果我拖到今天才回来，也没有回头药可以吃了。

只是在我写了不是很想交出的那篇＜建筑师的阿弥陀塔异想＞报告之后不久，老先生再三对我前往河南嵩山登封一事表示应许，还问我说："你到达摩洞，看到达摩洞前面墙壁的影子了没有？"并且指示我到登封创办农工技术实践学院，当时我还请问说之前去江西协助重建洞山祖庭时，不是说要我办的是农林工技术职业学校的吗？老先生说"现在升级了，你不知道啊？"此时我开始警觉到老先生决定关门的意图，并且告诉了几位常常固定来来去去的同学，但是他们回应我的却都是不以为然的眼光。

后来，有一天，我在用幻灯片报告会善寺的寺院环境状况，说起寺院东院门口挂着一块嵩山文化研究会的牌子，但是从来没人进去正式使用过。我到了嵩山，是想探究启母石，因为老先生当时说要开始讲大课，而却从上古史讲起，一路讲到大禹治水，讲到启母石就突然打住，然后停了一个星期，转而要大家自己研究《成唯识论》。这是怎么回事？好奇的我，直觉这其中必有另外说法，遂决定前往嵩山走了一趟，一则拜访少林寺，也应永信方丈之邀，现场即刻做了一场演讲，会后听讲的嵩山景区管理委员会书记陪同我到各地参观，到了会善寺，才爬上寺院上方广场，我指着寺院对书记说"啊！这是我的。"后来我真的有缘在挂着嵩山文化研究会的东院，开始了我的禅堂护持工作。一说到这块牌子时，老先生突然说："河洛文化，嵩山太小气。"

因为三次的会善寺修习营，学员们持续用功，心得报告如雪花飞来，老先生几度听读后，嘱咐要我要将学员们的报告自己整理出书，并为该书定名为《新管理学》，同时指示我也把我这几年所写的那些报告拿来出书。并且吩咐马上找出版老先生著述的上海复旦大学出版社和北京的东方出版社，第二、三天就分别前来洽谈出书事宜。怎么这么火急？我听得眼泪直往肚里吞，我知道后面要发生大事。同时我也被说得一头昏，我的天，这能玩吗？这工作没完没了的啊！这哪是我的人生戏码？我只是因缘随顺帮助别人而已，阿弥陀佛，老先生，我不想玩了。

不久，在一次读完学员报告后，老先生又问我什么

时候再去嵩山，我报告说 9 月 29 日，老先生遂给了我
一副木鱼和引磬，从此敲木鱼引磬遂成为我的工作，而
且是无量贴时间和倒贴金钱的无休止工作，因为只要我
愿意打开禅堂大门，蒲团已无虚席，难道余生我还必须
继续为人上座敲木鱼，下座敲引磬？我还想四海云游去
啊！如果不是有那一天晚上，老先生前来我住处的那一
席不可思议的开示，我不会变成敲木鱼引磬的人，我本
是红尘弄潮人，怎么告老会到寺院为人敲引磬？但愿这
引磬声能敲醒老先生，我宁愿自己天天承受写交报告、
听闻挨骂的难堪，因为我清楚那是慈悲的法语，那是我
禅堂辛苦忍辱所得的甘露；也不愿意因学员们的报告而
获得老先生的称许，因为我看见那扇门正在关上。

　　老先生关上门后，我依然谨守自己学习和生活的方
式，不敢稍有放逸；并且继续推进实施我的修塔之愿；
也依持老先生嘱咐继续积极建立那所没有名称的农工技
术实践学院；并且继续写交学习心得报告，只是不再
是我自己写，而是监督学员写交修习心得，予以协助校
正；并依老先生嘱咐，准备为他们的心得出书，日夜忙
碌，还必须不忘师教。还好废寝忘食早已成为我的生活
正常之事，否则，有时想想，真不晓得自己如何才能应
对失去明灯照耀的旅途。

　　去年 9 月 29 日傍晚四点多，老先生茶毗前，同学

慈亲递给我一条精致的密宗橘黄色哈达，要我为躺在俭朴棺木里的老先生覆上脸部，我因此很仔细地再观看老先生一眼，那是老先生今生让我看见的最后一眼。然后，看着大家把老先生送去禅堂隔壁的湖边荼毗，然后看见缕缕白烟飞入禅堂，我才跪地不起，并且开始掉下眼泪，嚎啕大哭了起来，因为在十一天长坐关房门口的日夜协助护关期间，我不知道自己要伤心，因为我坚信老先生不会关门。而最后当大家把老先生送出去后，我也只好帮忙把那扇门关上，但是我相信一定有另一扇门会打开，那盏灯会为我们一直亮着。

荼毗后，人未散去，我又回到老先生的书房盘腿安坐，那永远不会再有老先生的房间，以后我也不会再来，因为说法人已去。

第二天清晨，我飞往嵩山，昨天报到的会善寺秋修第一梯次修习营的新学员，正在老学员的协助下安静地在禅堂坐着，他们从网上知道我迟到一天的原因。

我坐下后敲响老先生所赐引磬的第一声，虽然没有敲醒老先生，但是我对四面八方因缘而来的学员说，我觉得老先生好像一直站在我后面。我一切如昔，如是依法学习，如是依法安坐，如是读书，并且继续按时飞往伦毗尼。因为明灯不灭，因为老先生不会关门。

当时只是寻常事　过后思量倍有情
醒来说法人已去　不知求法向何门

如是鹿苑昔比丘　应知说法是何人
开门慈悲接引我　我却见他把门关

　　一年了，这一年我未曾写过一篇报告，因为我不知
道要交给谁，今天要为老先生关门周年写一篇文章，我
打开计算机，写完修正时，却开始掉眼泪，这是我跟老
先生的因缘。

　　老先生关门前交待我不要离开太远，所以我把人生
的新起点设置在邻近大学堂的太湖湖畔，与老先生相
邻，继续学习。今天，七都政府为纪念老先生而将大学
堂沿岸特殊景观湖堤，命名为"南公堤"的环境规划，
也将我的工作室定为"南公堤一号"，为配合政府命名
挂牌活动，我也选择在这一天，把新工作室定名为"时
习堂"，并正式挂牌，也把门打开，继续学而时习之。
这也就是老先生嘱咐创立的农工技术实践学院，我自己
就是时习堂的第一位学生。

一剑霜寒四十州

潘建国
北京停云馆文化投资有限公司董事长
绍兴县会稽山兜率净土开发有限公司总经理
中华佛教出版社总编辑

2000 年时，我的事业进入低谷，满怀迷惘，自信心跌落谷底的我，想寻求人生的答案。

我用一年多的时间，行走在各名山古刹，拜访高僧大德，终无所获。机缘偶然，我读完南老师的《金刚经说什么》，有所感悟。此后连续几个月，我废寝忘食地翻阅能找到的南老师的全部著作，似乎有了答案，我想找南老师求证。

2002 年夏，我赴港寻师，敲开佛教图书馆的门，见到了亲证法师，她答应将我出版的宣纸版图书转交给南老师。在我离港前，亲证法师交给我一个红包，里面是南老师给的书款，因老师从不接受无偿捐赠。亲证法师说，若想亲近南老师，可到义乌双林古寺找体悟法师报名，南老师年底会在那里主持禅七。我回来后直奔义乌，与体悟法师结了缘。

2002 年底，我提前到双林古寺做义工，和师父们一起建禅堂、盖食堂、接送客人。大年三十夜，体悟法师和宏忍法师带领大家共修。十五日后，盼望已久的南老师来到义乌主持禅七。

这个禅七，彻底改变了我的认识：由成功走向失败的根源就是那一念无明；佛菩萨的行愿是自利利人；放开心量、定慧双运，才能达到自利利他的不二境界；菩萨行是一个在家居士的天职……离寺前，我暗暗发愿：如果有机缘，我一定要建一个居士禅修道场，让更多的人享受到正信佛法的熏陶。

这个禅七让我重拾信心，举家北上开启新的事业，同时投入慈善工作。

愿力真是不可思议！机缘不期而至了。2007 年 6 月 27 日，我们与绍兴县人民政府签订协议，建设"会稽山弥勒圣境"，以天上净土"兜率天宫"和人间净土"会稽山龙华寺"的主要建筑，承载"包容和谐快乐"的核心理念，打造一个全新的行大乘菩萨道的道场；以慈善公益而非商业的模式运营，所有股东均不能参与分红，所有利润都用于慈善公益和文化建设。

可是，问题来了，兜率天宫是什么样的？没人知道！无助中我去请求南老师的指导。南老师笑着说，他也想去兜率天宫，但还没去过呢。南老师建议我们依据《弥勒上生经》，并参考善财童子参弥勒的描述。我们和设计团队花了近一年的时间，创作出了兜率天宫的效果图。当南老师看到效果图时，笑得很灿烂。终于，南老师满足了我的愿望题写了"兜率天宫"的匾额。

建筑形态确定了，佛教文化如何定位？犹疑不决中，我又向南老师求教。南老师告诉我，兜率天宫要定位在中华文化的弘扬上，儒释道文化都可宣讲，在绍兴尤其要宣讲大禹文化和阳明文化，兜率天宫就是个弘扬文化的圣殿。佛教文化上，更要包容各宗各派，可以建八大宗坛，让八宗有成就者都可以到兜率天宫登坛讲法。龙华寺的定位要以禅宗为主，走居士佛教道路。并告诫说，切不可把那些迷信骗钱的把戏带到龙华寺里去，龙华寺要多办禅修和佛教文化交流，多做慈善利他的事业。南老师的这些话，成为我们遵循的原则。

经过五年多的努力，建设工程已近尾声。去年6月底，我和弘宗法师（老师给体悟法师的法号）到大学堂向南老师汇报，我说："老师啊，等把天宫造好了，我就退休，跟在您身边修行好吗？"本以为南老师会答应，没想到老师听了哈哈大笑，说："每个人缘分不一样，建完天宫你的事业才刚刚开始，谈何退休！"说完，起身拉我，和弘宗法师一起走到隔壁会客室，指着孙文手书五代贯休和尚的"满堂花醉三千客，一剑霜寒四十州"的诗句，问我是否知其意，我摇头。南老师就给我们讲起了典故。

钱镠称吴越王时,贯休和尚因避乱来到越地,写了如下的诗文赠与吴越王钱镠:

> 贵逼人来不自由　龙骧凤翥势难收
> 满堂花醉三千客　一剑霜寒十四州
> 鼓角揭天嘉气冷　风涛动地海山秋
> 东南永作金天柱　谁羡当时万户侯

钱镠一见此诗,大加赞赏,但是嫌"一剑霜寒十四州"不合他一统天下称帝的抱负,传话让贯休和尚改"十四州"为"四十州"后才考虑见他。和尚心知钱镠并无一统天下的雄才大略,便吟诗四句回复钱镠:

> 不羡荣华不惧威　添州改字总难依
> 闲云野鹤无常住　何处江天不可飞

即日,贯休和尚便包裹衣钵拂袖而去。至蜀地,受到蜀王王建的礼遇。前蜀建国,赐号"禅月大师"。

南老师一再勉励我说:"你现在正当年,要有'一剑霜寒四十州'的气魄!不要老想着十四州那点小事。虽然我不收学生,但你出去可以说是我的学生,这样做事会方便些……"听完这番话，我由衷地感恩老师的慈悲摄护，也更感受到肩负的重任和老师的期望。

我又向老师祈请："老师，明年天宫开放时，我想请您老人家开堂讲法，好吗？"老师不置可否地笑笑，没有接受也没有拒绝。老师让宏忍法师请出了两座供奉有"三乘同依佛舍利"的水晶舍利塔，让我和弘宗法师请回兜率天宫和华林园供养。我们在欣喜之余，有些诧然。没想到，7月份老师闭关；9月20日，从太湖大学堂公告得知，老师四大违和，正住于禅定；9月29日下午传来消息：第二天举行老师的荼毗法会，为老师送行。

在老师的化身炉前，回想老师为弘扬中华文化辛勤耕耘七十余载，还用自己的生命给大家上完最后一堂课，我的泪水夺眶而出。

荼毗法会结束后，我看到了还站在老师化身炉前不肯离去的李总，上前对他说："咱们都有个共同的遗憾，没能请到老师亲临讲法！"他点头表示同感。

也许是老师感受到了我们的遗憾，凌晨的梦境中，我陪着老师参观兜率天宫，他老人家白衣飘飘，精神矍铄。梦醒时，我满脸泪水，但满心欢喜，我暗下决心：蓄须明志，加快兜率天宫的建设步伐，能够让更多的人启发心智，继承老师遗志，弘扬中华文化。

"一剑霜寒四十州"，我将永记老师的教诲。

最珍贵的因缘

牟容璐
美国宾夕法尼亚大学博士候选人

与老师亲近，大概是很多人今生最重要的因缘，不知积累了多少世，才有第一次翻开他书的那一瞬间。

2006 年我偶然读到了《十善业道经》，受三世因果的启发，我模糊觉得，这个经纬万端的世界，好像内怀妥帖，我甚至可能从中寻找到一些人生思路。

那是我第一次认真地接触佛经，彼时我在美国华盛顿特区工作，供职于全球第三大资产管理集团的私募基金部门。半年后我接受了全球最大的律师楼的邀约，并被派回中国工作。但是和大多数职业女性一样，我忙忙碌碌却心无所栖。我们的状态，应该说是可怜吧！

因为接触佛经的缘故，回国后我没有立刻上班，径自去了普陀山的紫竹禅院借住。一日，无意间走进了法雨寺的藏经阁，仰见一排排庄严整齐的《华严经》，浩浩然竟似不见边际。我便请教一旁的法师：佛法浩瀚如斯，惟不知从何下手？简短一番问答之后，法师道出了一句让我受益一生的话：读南怀瑾先生的书吧！

毋庸避讳的惭愧，老师的书早在 1990 年便开始在内地出版，而我却蹉跎到十六年后，才第一次翻开它们，在已该而立之年，开启了这个安身立命之旅。

初闻法音

　　"先生之文章，可得而闻也；先生之言性与天道，亦可闻也"。

　　除了打拼事业，我也广泛地阅读和游历于中西方的文明之间，试图探索身心内外的一切问题：灵魂与肉体、爱与条件、死亡与意义、道德与欲望、民主与独裁……诸此种种，不一而足，但这些零散的精神探索并不究竟，我的世界毫无头绪。

　　先生的书，却让我豁然开朗！

　　先生以他天然的威仪和自如的说法，带着我，一本一本、一步一步，开始了一个自我辨识和修正之路。最初打动我的，是《论语别裁》和《原本大学微言》，伴随我度过辛苦的律师生涯里最宝贵的闲暇时光。这些原本难窥堂奥的经典，从此相亲而亲切——翻开书本，即到现场，即可倾听这位慈爱且威严的长者，讲述人生最基本的道理和情怀。

　　师的书我读得颇为缓慢，却每读必有耳提面命之感，他批评学生，我便独坐书斋、面红耳赤；他勉励大家，譬如每闻"年轻的同学们，就是要有一种大乘心量"，我便常常热泪盈眶，不觉而升起一种传承文化、利益众生的心情（只能说是心情而已，彼时甚至懵懂于"大乘"之为何物）。所以虽慢耕细作，我却很受益。借助先生天门高处的一双眼睛，我也学着了解外在世界，但最重要的是，我开始学习观察自己。

后来与身边许多同龄人交流，发现大家多以聆听家训的方式来阅读老师的书。我们这一代人的父辈，很多都被上世纪的动乱耽搁，无法给予自己所渴望的道德和人文教育，而老师亦趣亦雅的语言，一改说教的古板，启迪了我们的好奇心，也培养了我们的文化自信心。老师的书在新的一代人中广为传看，通过它们，中华文化的命脉香火，源源不断地转交到无数年轻人的手上。

这时的我，穿梭在大都市中央商务区的摩天大厦里，坚定地相信着，有一个更朴素高远的智慧，还在远方。

遥唤

但我并不清楚怎样探寻内在的世界，生命依旧没有出路。文化概念和模糊的期待已经不够了，我需要一位导师。

为了有一些实质的进步，2009 年春节伊始，我便每日持诵《地藏经》，并大礼拜《普贤行愿品》。此外，又规定自己每月从薪酬中拿出固定比例来布施行善。最初的布施并不能"下心含笑"，自觉有些完成任务的味道，不久我拜访了一个偏远的孤儿院，在那个意外的苦寒之地，与一群语言不通的陌生孤儿们彼此亲近、彼此温暖、彼此感动，我开始懂得真正行善的味道（又何尝不是被行善呢）。

一个月后，我飞往大昭寺，在挤满了朝圣者的广场上行了一千个大拜之礼，暗暗祈求遇见一位明师。再一个月后，我得以前往太湖拜访老师。

初见

> "不要转移你的视线，一直朝着那亮光走去"。
> ——约翰·本仁《天路历程》

2009 年秋，我开始攻读美国一所常青藤大学的博士学位，第一个学期在国内调研，为下学期进校做准备。

一个金秋的清晨，在阳光透进窗户的一瞬，我心里闪过一个念头：此行美国，一去数载，先生耄耋高龄，不知今世可还有缘相见——第一次想见老师了。

很快就有了特殊的因缘。

会面的那天，老师准时出现在大学堂宽敞古雅的会客厅。远见一位白发仙翁足下生风，翩翩而来，在一众人等簇拥之下，一边行走，一边拱手作揖，上下一团和悦之色——正是先生的样子！老师见到我们，愉快地笑起来，笑里透着光。

此前我一直在两种状态中切换：思维时紧张；不思维时盼望。勉强想了几个问题请教先生，又自觉毫无高明之处，必是入不了先生法眼，于是更加惭愧不安。然而此刻，紧张和疑虑已然散去，只觉胸中万种情怀。整个会面，我都泪流不止，四周围坐着人，我有些难为情，师径自殷勤招呼，咖啡点心、左右言它，又蔼然一笑说"你太善良啦"！

彼时的情形一直历历在目。老师问我为什么要学佛？我胡乱慌张地答复了一通，老师（如今想来是棒下留人）和气地说道："这样啊，不要被我骗了。那么年轻，怎么会想学佛呢？"随即便交待一位学生去取书，送给我们，并特别点名《花雨满天维摩说法》、《圆觉经略说》、《金粟轩纪年诗初集》等等。

后来我知道"为什么学佛"这个问题，师问过不少来访学佛的人，有人以为他是测试来人的心态、程度，也有人认为，这恰是老师给我们的一个话头，我都深以为然呢！

师还介绍了身边一些常随学生，他们中的不少人，后来成为我修行上的珍贵的善知识。老师一边介绍又一边笑话我不该学法律，我顺势请教，师略一沉吟："文学！东方和西方的文学"，再一顿，忽又道："你留下来吧，帮忙我们这里。"

这话有如天籁之音，在我心中划过一道光亮，但立即又被现实的思考否定了：这可是职业规划以外的啊，不如等到博士读完、事业成就之后吧。岂知这一等，便是一条无法回头的路，三年之后想起来，悔之晚矣！

后来大家拍照留念，老师牵着来客的手——他的手多么柔软啊！我忽地冒出一句"老师，我觉得认识您很久了"，师笑答"神交已久"。斯人已去，言犹在耳，如今想来，我绝无资格列于神交之列，对他"神往已久"倒是真的。这次见面，对我是一次非常重要的体验，因为老师特别的力量和帮助，我暂时放下分别思维的心，体会直心面对的舒适自然。当然，在后来的日子里，我还体验了他的严厉、认可、冷淡、勉励……种种态度。

说到严厉和冷淡，有一次，一位亲近老师三十多年的学长告诉我，每当觉得自己用功的时候，就感觉老师很近，而每当迷惘放逸时，便会觉得老师很远。他的话让我有些惊讶，原来不止我这个新来的小学生，即便是修为很好的学长，面对老师，仍会不自觉地紧张。我想是因为，自己一切的身心状况，在他面前都是透明的，故而难免有被看透的局促，而觉察参究自己的心态，本身就是修行。

而且，老师的冷淡，有时也是故意为之。师是大机大用的临济宗，据说早年常常用棒喝、斥骂来引导学生，后来却少用了，并有"我如果讲禅，门前草深三尺"的无奈感叹。老师在《禅宗与道家》一书里，对"冷淡"有一些解释：

"我所见前辈的宗师们，有时认为你知见有错，但只对你一笑，不加可否，或者，便闭目趺坐，默默不答，这就是棒喝的遗风，过去我们碰到这种情形，自己再加反省，知道错了，便叫它作棒。"

所以对于善知识的种种态度，微妙方便，如果自己缺乏反省，才真是辜负圣贤一片心呢。

一度我还十分羡慕能够更早从学老师，常随左右的学长，觉得他们一定更高尚、更高明（当然他们中的许多人确实十分高尚、十分高明，但我并不觉得那是他们与老师结缘深浅的原因），后来才知晓，圣事不可以凡心测之。

善知识示现的亲疏远近，同世俗里的高明不高明、看不看得起毫无关系；甚至，有没有机会当面拜谒老师，也与学人之高下无关。师与每一个生命体的因缘

（或暂时无缘），都自有其珍贵和道理。譬如脆弱者，温和接引；坚定者，严厉策进；福薄者，先培福；独觉者，可自修，等等方式。见或不见、亲或不亲，都针对学人当时的状况而来，而师心慈悲，在他的心里，我们一律是孩子，应机设教、因材施教，然后将不同根器习性的人们，方便地引导到向上一路去。

晚餐后，老师请一位学长教授我们打坐和持诵准提咒，并提议我们留宿大学堂，因事先另已安排，同行便婉言谢绝了。后来知道老师引用刘方平〈代春怨〉自解，我才稍有体会，他对我们年轻的一代彷徨门外的急切和怅然：

朝日残莺伴妾啼　开帘只见草萋萋
庭前时有东风入　杨柳千条尽向西

离开时，师起身送至大楼门口，一袭长衫、一根手杖、一个清癯的身影，稳稳地印在我心里，仿佛暗夜里的明亮的灯塔，一直光耀我心。

追随

"我有幸曾经遇见过一些伟大的上师。真正留

在我脑海里的，不一定是他们对我知识上的教导，
而是他们的行止，他们的生命范例"。

——宗萨蒋扬钦哲仁波切

在赴美之前我又拜访了两次大学堂。随后的两年，
我也是一放假，便兴冲冲飞回国内，可以说是身在美
国，心在大学堂。我在师示寂前一年回国，在白领海
龟（归）们忙着参加各种高端论坛和名流聚餐之时，一
次次奔往庙港这个"乡下地方"，乐此不疲于我的朝圣
之旅。

我之所以乐此不疲，除为求道之外，还因为老师的
人格魅力。

师也爱开玩笑，他的顺口溜里有一段"久闻大名，
如雷贯耳，今日一见，不过如此"。老师全然有资本开
这个玩笑，因为他自己随时随地的人如其文（或许"人
胜其文"更加合适，因为他的有些境界，难以言表）。
他是中华文化的集大成者，文章广涉儒、释、道、纵
横、诸子各家，而风雨人生近百年，他走过大川大河、
淌过富贵贫寒，经史子集、江湖庙堂，全部到过，可
谓行藏举止皆文章，他的身上，随处可见华夏文化的
风范。

形而下的道，师可谓无时无刻"无行不与二三子"。

我见师时，他已在九十多岁人生最后的光阴里，却在在处处，毫不散漫。有一段时间我又读《论语》，捧着书本，只觉得句句都是他，而看着老师，又如同看一部行走的活《论语》。

师自己这样的自律严密，也期望我们二六时中不要放逸，但他并不苛刻，严厉之中充满了宽和。我呈交的修行报告，他批示得最多的，除了"听知"，便是"慢慢来"。

人格和佛格

老师的许多言谈行止，深深地印在我的脑海里，在水穷之时、姑且之处，常会从心里涌出来，便立刻抖擞了精神，端敛自己的念头行为。

比如老师常说"帮忙人家啊！"有一次一位先生来拜访老师，师刚开口给来客意见，去留意某方面的书，旁边的一位老学生，立刻报出了一本书名，我正暗自称赞学长的热心和渊博，师却对学生一喝："复印出来啊，赶紧帮忙人家！"所以老师的帮忙，可不止帮帮忙，决然是要十分迅速、全然周到才行呢！

又有一次，一位颇有社会地位的女士前来探望老师，看来与老师并不陌生。嘘寒问暖之后，女士问师：

孩子斯坦福大学毕业，中、美两地各有机会，不知该作何选择。正待听取老师高见，师忽然面色一沉，严厉地批评起来，大意是，你们这些大人，连自己要追求什么都搞不清楚，怎么可能给孩子高明的指导。当时桌上有四五个人，我们都被这忽来的严厉噤住，女士立刻点头称是，态度谦卑自然，我心里则暗暗称赞。老师针对女士的情况小训之后，又感叹着吟诵了一首诗：

> 岛池魅力鱼千里　　蛮触功名一饭余
> 早说南柯非昨梦　　如何人世问乘除

吟罢淡淡一笑，手对着我们指了一圈，"这里都是一群鱼千里，都不晓得自己在追逐什么！"（鱼千里：典出《关尹子》"以盆为沼，以石为岛，鱼环游之，不知其几千万里而不穷也"）我心里正想辩解：我可知道自己在追求什么呢，师又话锋一转："你们这群美国博士，赶紧帮忙人家提供一些建议啊！"（在座的还有一位斯坦福大学经济系的博士）

对老师而言，一切能够提供的帮助，一切能令众生生欢喜者，全都布施。

"帮忙人家"、"不要给人添麻烦"、"不要计较"……这些简单的话，还有师浓浓的浙江及四川口音，永远地留在了我们的心行里，点点滴滴，春雨润物，桃李不言自成蹊。

人贵自立

老师常常赞叹从前的大修行人，在世法上都是一流的人才，因不能解决生命的问题，才转问佛道。老师无论是非成败富贵穷通，永远怡然安详，言谈举止待人接物，天然一种亲切和蔼。师所忧之事，皆是天下的大事，却不见他因为"人心不古世风日下"而忿忿，更不会为了自己的任何事情苛刻于人。不禁想到孔门弟子描述夫子的两句话"申申如也、夭夭如也"。

所以老师时刻提醒学生们要自立，他告诉我们，这是学问的中心。

第一次拜访老师之后，我写了简函答谢，师的回复中，有"人贵自立"之句。我想，就是独立自强、洁身自好呀，便立刻承诺：好，我会自立。后来细细参究才发现：真正彻底的自立，太难了！是生活、事业、情感、思想……方方面面都不依赖、不攀附，卓然自处。

反观自己，尚能胜任工作，也有责任心，情绪也大多正常向上，惟对情感上的独立，并没有太多的自信，直到修习了"受不异空"。

一天，老师指点一位情绪不太好，又常觉浑身是病的同学，说她"受阴"太重，被困在里面了。那段时间，我正好在研读老师讲述的《心经圆通修证法门》，观五蕴无常。某日，在"受不异空"一句上，幡然有了感悟。忽然洞察到，生活里千般负面情绪，都是觉受无常，只要善加观照，再加上打坐的功夫，就可以作主把它空掉。这个理解，让我十分的欣喜，立即用来处理生活里的一些小事小情绪，可谓念到病除。我的内心因此颇有些信心，觉得大概能够从此找到一条修行之路，帮助世上情重的人们走出苦恼。

"受不异空"对于心情的帮助，竟然是这样的巨大！我隐隐希望发生一些大的挫折，我可以证明自心作主的力量。果然，念起、事来。

不久，我的生活里就发生了一段感情，却又因为无巧不成书的几件事，不得不遗憾结束。这个结果，让我十分的难过。我便用空去觉受的方法对治，这一次，忧伤并没有被马上空掉。我便提醒自己，首先要做到不在忧伤中继续沉沦（不像从前那样），并坚持打坐、持咒、阅读佛经，来巩固正气、调节身心，不久便也恢复了平静。

如今，我能觉察到越来越多的负面情绪，觉察到自己被受阴困住，并加以对治。但我更明白，情感的独立十分不易，而凡所执处，皆难独立。

棒喝

然而，彻底的独立，远非"自强不息"那么简单。比如我自认为事业独立，其实充满了执著与挂碍，并非真正独立。

去年有一天，师正在评论我的事业选择问题，他忽然指着身边两位常随学生，对我说："你以为这是他们的最后一站么，当然不是！"当时我暗想，老师一定是知道，我很担心未来的事业吧。

又一日，高客满堂，席间漫谈，老师随意说了一段幼时家中银行存款，如何在一夜之间化为乌有的遭遇，随即便悠悠然说出他那句名言"所以我一辈子不存钱在银行"。我忍不住问，"老师……那通货膨胀怎么办？"话音未落，老师蓦地脸色一沉，双目炯炯地看着我，大声喝斥道："你要是乞丐怎么办？！"

我瞬间呆住，向来敏感的自尊心还来不及在众目睽睽之下窘迫，整个世界便安静下来，对未来的期待、不安、恐惧、疑惑，忽然通通地撒手，心中一凛，我朗声答道："那我就乞讨去！"

老师立刻面色舒展，笑道："这就对了"。

　　大概这就是棒喝吧，或者不是，但回想起被老师"修理"的，正是我的执著妄想处。师给了我一个方向，要从这里自参自肯自悟。

　　其实，我们总都在"依他起"、"遍计所执"的依赖和攀缘状态，不可能彻底的自立。要随时随地地调治劣性、知幻即离，需要正确的知见，也需要很深的定慧修为。

　　所以，迈向独立的路径，正是修习禅定和智慧之路吧。

法无定法

　　幼时所受的教育，是梅花香自苦寒来。对于修行，此话虽然不假，却还远远不够。学人不仅需要勤奋，更要懂得时量进退，说来容易，这个平衡点却很难把握。

　　我发现大学堂的人们，以老师为首，多数把自己裹得密不透风，即便是三伏天，不仅穿着长衣长裤，还披着坎肩，且帽不离头。老师见我爱穿裙子，就客气地提醒："不冷啊？"这个话头，着实让我奇怪，几次下来，我才请教到，原来学堂地处太湖之滨，湿气较重，而且修行做功夫的人们，身体敏感，更容易受到湿邪的袭击。虽说身体是镜花水月，但也要藉假修真，为此，修行人便马虎不得。原来修行人连爱惜身体都那么认真！从前我却饮食无节、起居无常，对身体毫不在意，这也是上班族的通病。至此我便比较注意自己的身体。

去年夏季，天气炎热，每天都醒得很早。虽然知道夏三月，夜卧早起的道理，还是担心是身体不调，于是便寻医问诊、开方喝药。老师听说后，批评我"糊涂！"我才又注意到爱惜身体也要聪明。原来我们身体的变化，有时是因为心理情绪的作用，有时又是因为天地大环境的影响，前者需要从心里上下手，后者则当顺应天象，适当注意即是。身体固然重要，但身见却不可太重。依嘱，我不再服药，而换作早醒打坐，并尽量放下身见的观念，睡眠很快就正常了。

其实聪明灵活、把握火候，并不是什么深奥的道理，但是事情来时，加上对自己的爱惜，常常就会做出不明智的举动。更何况，同样一件事情，可以有不同的视角和处理方式，所以善知识会根据学生的情况对症下药。

老师的常随学生里，流传着这样一个笑话：老师的有些话，一三五是这样，二四六又换了一个说法。一次，一位着迷于周易风水的同学，对老师说，皇家一定最会选风水，可还是一代代灭亡了，所以风水之说其实不成立，老师哈哈一笑说，对！风水是骗人的！可一转身，老师又告诉另一个学生，堪舆是个大学问。再一次，老师对某君说，天下哪里有什么鬼神，都是人心作怪；旁边一位同学忍不住问老师，真的没有鬼神吗？那么六道轮回呢？岂知师眼睛一瞪，鬼神你都不相信，还学什么佛！虽是当作笑话来说，且大家也理解这是因材施教，但我们也确需注意，在阅读老师的书的时候，如果发现不同之处，要结合自身的情况调整运用。

如何自己把握平衡点，是没有办法传授的，因为大家情况各异。所以修行真是一门智慧之学。不过，我好几次听到老师感叹"事无对错，但有因果"，可见，有时候连火候也要放下，用心尽力即可。

离别

端午长假，我照例前往大学堂学习。一日饭后，桌上约有六七人在座，谈话间隙，师忽然缓缓地说："今年中秋，我们这群人不知都在哪里。"这真是一句没有办法回答的话，四众沉默。我想起三年前师让我留下帮忙的事，又想起不久前"鱼千里"的封号，直觉惭愧，便想：老师是不是惆怅我们依旧迷恋外面的花花世界，不肯潜心修习呢？便有些自失地轻声答道："我会在这里吧。"老师超然一笑，不再言语了。

一个多月后，师四大违和，闭关。

再一个月后，师同意住院。一周后入定。

再后，师示寂。

正如端午席间的回答，在老师入定期间，我一直在大学堂，一天一天的等待，却再也没有等到他回来。三年前，我没有智慧和勇气响应他的召唤留下来，所以今生今世，再也没有机会了。

是啊，用了九十五年的身体，沧海桑田一个世纪，"诸行无常，是生灭法。生灭灭已，寂灭最乐。"学佛的人们都明白这个道理。

世人毕竟福薄，留不住他，自己也终要离开。想起初次见面时，我承诺了老师"人贵自立"的教导，一个人要信守诺言，我会自立，包括我的精神，会从对他的依赖之中，独立起来。

可是在天地最为寂寥之时，在无人之处，甚至在心头微微一动的刹那，我仿佛见到没有寂灭的老师，见到老师没有寂灭，我的精神无需从某处独立，因为老师、世界、一切生命和我，从未分开，因为在念起之前的自性里，在念走之后的清净中，在有念和无念的当下，在长明的觉性之中，在每一寸每一寸的光阴里，他都在。

怀念南师

古道

　　老师走了，但老师的音容时常会浮现在我的脑海里，也时常会想起随老师学习的那段生活⋯⋯

　　因本如法师的因缘，以前会常去南普陀寺小住，因此认识了几位台湾十方禅林来的学长们，是老师派他们到厦门大学学习中医的，在他们那里听说了很多关于老师的神奇故事。

　　记得最初拜见老师是在 1993 年年底。从闽侯大雪峰禅堂下来去参加老师主持的南普陀寺禅七，在去厦门大学拜见老师之前的几天，有一次，宏忍法师在南普陀方丈楼说起老师武功如何了得时，俺还不以为然，我说等见到老师时，要不先给他来个扫荡腿，看他能不能躲得过。宏忍师父听了哈哈大笑说，见到老师就怕你不敢扫过去。我说，那有啥不敢的？

　　几天后，开化法师真的带我去厦大拜见老师时，本来想好的扫荡腿却成了恭敬的一拜。那次见面本来想向老师请教一些修行上的问题，结果成了给老师汇报近三个小时的江湖见闻及自己的学习经历，惹得老师不时地哈哈大笑。

回来后，宏忍师父问我，你的少林扫荡腿出了没有？我说，没扫成，我给老师恭敬地磕了个响头。哈哈……

那次的"南禅七日"是我很多禅七中明白最多道理的一次，真是法喜充满。也从那次以后俺才开始认真读起老师的诸多著作。

当时我非常羡慕那些学长们能够亲近老师，我还经常跟他们说，如果能让我亲近老师，能经常听到老师讲课，哪怕让我每天给老师端盘子洗碗都成。

后来真的应了妙湛老和尚那句"发心就有缘"的话。

2003 年去上海长发花园听了几天老师讲授的《大宝积经》定分一课。

2004 年 8 月有幸跟随本如法师到长发花园闭关，在两年的时间里，不但每天能听到老师的讲课，还经常到老师餐桌上蹭顿晚餐，还听过老师用川戏唱袁太老师的〈醉后之光〉，还有幸一睹老师极具力道与韵味的南拳。

那真是一段美好的时光！

闭关一开始，老师就用了三个多月的时间给大家讲授《达摩禅经》，后来还指导大家学习了《修行道地经》等，期间还不时地让我们抽签来试讲，那简直就是赶鸭子上架，时常被弄得一身大汗。

老师那时精神特别好。经常在早晨三四点钟打电话把我们叫到书房，讲授十六特胜法门，以及与禅定的关系、禅定的次第等等，我觉得老师非常注重对禅定的实践。

为了跟老师的作息时间一致，我们也变成夜里学习用功，上午休息的习惯，这种习惯到现在还没完全改回来。现在十六特胜倒是没修好，却修成了夜里不睡早晨不起的夜猫子了。

现在觉得当时专修时，身心觉受上的转变和进步非常明显，看来这事儿非得刻苦专修一番不可，否则，像现在这样早晚定时用功的方式，效果很慢，会把修证的时间拖得更长。

在整理《达摩禅经》讲记那一段时间里，最有意思的是，几乎每天早晨5点多准时看到锦扬兄穿着线裤，披个灰色棉僧袍来敲门，把老师午夜里亲笔修改好的文稿交给我们，没有一句话，就这样默默传递了四个多月。

还记得在2005年3月的一个下午，因为那段时间感觉自己的心跳有问题，心律不齐不说，有时简直像停止了一样，并伴随着阵阵疼痛，就去找老师请假，想去医院检查一下。结果，得到的是老师几句如雷般的大喝："看什么看？你不是来这里闭关的吗？死了就死了嘛！大不了下辈子再继续嘛！"被这么一喝，我当时眼泪直在眼眶里打转转，只是我硬是没让它掉下来。心里却想"老师咋这么无情呀？俺心脏真的好痛啊！"后来老师可能担心把我吓坏了，用和缓的语气说："修道人的病有些是医生看不好的，因为真用功修行身体四大自然会有变化，有些现象是转变的过程而已，如果诊断不好，当作心脏病什么的治疗，再做个手术什么的，那就完蛋了。你看我80多岁了，还在用自己生命来实践佛法啊！我比你们用功啊。你看，历代祖师们都是不怕死的人，怕死就别玩这事了。"然后鼓励我回去继续用功，并给了几包粉状中药。俺只好打消就医的念头。

　　每天依旧照常练习瑜珈和静坐，并继续整理老师的讲课记录。后来也不管心脏疼痛的事了，疼痛的现象大约持续了将近两个月后，不觉间果然自己痊愈了。后因事去登山，发现以前登山气喘的现象没有了，也不觉得怎么累。生命真是一个神奇的东西。后来我在想，如果当时老师没有制止我，我到医院里可能真的当作心脏病啥的动个手术，也许真的就完蛋了。

　　还记得在《达摩禅经》记录初稿完成的那天晚餐时，老师非常高兴地拿出50年茅台，很豪迈地说：我们是注解《达摩禅经》的古今第一人了。那天大家都充满了喜悦，那酒喝得很开心……

跟随老师学习的那段时光，留下了很多很多美好的回忆。

特别是在太湖大学堂的几年工作中，看似平淡，却跟随老师和学长们学到了很多做人做事的道理，那是我生命中最宝贵的体验。

说到了这里，忽然想起了老师常说的一句诗："当时只是寻常事，过后思量倍有情。"是啊！人生就是这样，那些茶余饭后的点滴提示或关怀，当年看似寻常，现在回忆起来却那样亲切和珍贵。

学会珍惜眼前一切，努力去做到老师要求的"做一个能反省、谦虚、精进的平凡人"。

关于去年月圆之夜与老师诀别前后的事，真的不愿多想了。

老师太累了，选择了休息。留下那么多传奇和阐述关于先哲思想的话语后，自在离去，这样挺好的。佛说万法无常，都是生灭法。

世间事总会留下一些遗憾。洞山建设没能按老师的指示如期完工，造成老师来洞山的心愿没能实现，这是我最大的遗憾。真后悔当初为什么不迅速建好一个四合院啥的，迎请老师到洞山来呢？

今天怀念着老师，回想着这些往事，痴人说梦般地写了这些，但觉得内心非常宁静，好想再给老师吹一曲那首"寒山僧踪"……

　　也不知道老师现在到哪里休息去了？咋就不像传说中那样给咱托个梦啥的呢？

　　老师，非常感谢您的教诲！

　　老师，非常怀念您！

拄杖横挑风月去
由来出入一身轻

——壬辰年中秋南公怀瑾先生荼毗法会追忆

弘宗
义乌双林古寺住持
绍兴县龙华寺禅修中心（华林园）住持

人的一生，总有一些印记，永恒在记忆中，难以抹去，不能抹去。一年前的那个日子，老师静静地离去，一任清风明月，一任秋意几许。今日忆及，犹泪水盈前，不能止。

示寂　宁静祥和

记忆中，那是一个平静的日子，却注定是一个不平凡的日子。那一轮秋天的满月，成为了一个夜晚的永恒。

那一天，壬辰年的中秋，我们送老师走。

一如那曾经与老师相伴的无数时日，一切都是那么地宁静。心是宁静的，天地间是宁静的。大学堂是宁静的，这是老师给予大众的宁静，那宁静是老师深澈如水的眼眸，如蔚蓝无际一碧如洗的天空。我知道，一如往昔，老师一直在静静地关注着我们。在这样的目光下，悄然无声的宁静，融入了每一个人的心里。

宁静入心，了无杂念。老师没有走，老师何曾走过？

那天，阳光是明媚的，照彻得天地之间一片通透。天空，干干净净，是清清一色的净蓝，是清水洗过一般的澄澈。大学堂长长的回廊上，不时有人轻步侧身而过，互相点头致意。安然祥和，不慌不乱。这不就是一直在老师照拂下的平静安详的日子吗？

老师还在那里！所有人都是这样的感受。该做什么就做什么好了，所有的人都在安安静静地做着事，忙而不乱。无论做什么，大家的心都是宁静的、安详的，连步子都是宁静的。

午后，敬呈给老师的香、花、果已齐备。我们几个人调整身心，静心宁神，一件件、一样样仔细地摆上供桌，整齐而洁净，像平日里侍奉老师一样。兰花，是素雅洁净的白色，散发着缕缕清香，那是谦和温润的君子之风；菊花，金黄与纯白相映，透出一片闲适的秋意，是清逸淡泊的圣人品格。圣洁的百合映衬着绿色的蕉叶，一朵一朵地围在四周。果子，细心挑拣出最好的：红红的苹果，要最大最圆的；金黄的桃子，要饱满丰润的；还有黄灿灿的香蕉和香甜的哈密瓜。老师最喜欢吃的花生米，是忘不了的，放在了最中间。静心摆设，任何细微处都反复思量，点点滴滴都是对老师深深的爱。

瞬间的恍惚，我又看到了老师那熟悉的笑容。是真是幻，不去想不去辨。渐渐地，只在无声无息之间，老师的笑容不知不觉地融化进了心里。

面对着安置好的香案供桌，静立。佛号绵绵由心而起，长空之间一片寂静。主楼上的释迦牟尼佛像在夕阳的辉映下金光灿灿，老师在一片金色的光芒中安然而眠。

惜别　安适而行

夜色初暝，众人早已静静地肃立于路旁，等候着老师。一双双凝注的目光，无声地传递出深沉的眷恋与不舍。等待，等待，大家宁愿就这样一直等待下去。老师，别走！老师，别走！

我们陪侍着老师下楼，不能想，不敢想，怎样走完这最后一程！一步，一步，很慢很慢地走，可是，再怎样的慢，也是走一步少一步了。看着缓缓前行的车子，看着车子上躺着的老师，就想伸手拉住，再叫一声"老师"。我感觉一定能听到老师爽朗的笑声，能看到老师招手呼唤的样子。人们相拥在车旁，默默地相伴而行，只希望车子越走越慢，越走越慢。送行的人群中有了轻轻的啜泣声，情之所至，任平日里怎样通达的人，在那一刻，都难以抑制悲从心头起。

但，在这个特殊的时刻，我们必须要让老师平静地走，安适地走。于是，静息，长念本师释迦牟尼佛。两侧默然而立的人众，车前车后的亲友，随声而起佛号，唱诵声绵绵密密，久久地回荡在夜空中。

南无本师释迦牟尼佛……

安置好老师的法体，众人肃然而立。深蓝色的夜空万里无云，一轮明月高高悬挂在头顶。

纪念仪式正式开始。首先宣读的是温家宝总理的唁电，其文曰："惊悉怀瑾先生仙逝，深表哀悼！先生一生为弘扬中华文化不遗余力，令人景仰！切盼先生学术事业在中华大地继续传承！谨向先生亲属表示慰问。"这几句话，不仅是对老师一生成就的评价，更是对老师精神的肯定与赞扬。"先生一生为弘扬中华文化不遗余力"更是昭显了老师不仅是这个时代儒释道各家文化的集大成者，更是挑起并肩负振兴中华文化重任的实践者。

中央文明办的王主任发言，表达了对老师至深的怀念与感恩，句句深情，催人泪下，情到深处，哽咽难言。人群中响起一片哭声，众人再也难禁悲痛的心情。之后，南一鹏先生含泪讲述了对父亲的深深思念，同时不忘代表亲友至诚地向大众表达了谢意。太湖实验小学的郭姮晏校长，回忆起了老师关怀教育的许多往事，传达了老师对下一代人的谆谆教诲。

夜风中，静静的聆听，脑海里像放电影一样一幕一幕地出现老师慈悲的身影。在这一刻，我们知道：老师需要的不仅仅是我们所表达的敬爱之情，更需要的是我们接过他双肩上的重任，义无反顾地继续走下去。这样的夜晚，我相信，每一个人都真切地感受到了老师那满含期待的叮咛与嘱托。

老师不平凡的一生，伟大的一生，永远地铭刻在世人的心中。

送师　自在圆满

纪念仪式后的茶毗法会，在大和尚宗性法师的主持下，梵呗齐鸣，佛音清越，众人随法师至诚唱诵般若心经。

法体入化炉，大和尚送行。一声吼，莲生红焰中，凤凰涅槃。

所有人跪伏于地，长歌当哭，长跪相送。泣声连连，呼告殷殷：老师，再来！惟愿老师再来！只请老师再来！

天上一轮月，照映一片赤子心。

送行，这是最不愿送的送行。一众亲随站成一排，手手相递，将木柴传至化炉前，那是能为老师亲手做的最后一件事了，却是最不忍心做的一件事。在法师们的洪大如潮的吟诵中，青烟排空而上，直冲云霄。

朗月当空，银辉遍洒。

拄杖横挑风月去　　由来出入一身轻

老师慈悲而来，为解众生烦恼而鞠躬尽瘁；老师洒然而去，示现佛家真义而自在解脱。

碧空如洗，月华如练。

仪式结束，没有人愿意离去。

在那样的一个长夜，只想默默相伴，无言相守。在那样的一个长夜，仰望碧空朗月，是与老师的心意相合。人们寂寂地坐着，围在炉边，三三两两的，不言不语，只想再陪一陪老师。

在微凉的草地上，盘腿静坐，思忆恩师。数不清的谆谆教诲，数不清的温言笑语，数不清的诃责厉语，数不清的机锋启迪，在长夜漫漫中，点点滴滴涌上心头……

泪，已被夜风吹干；心，在寂静中沉淀。

那一夜，永恒地凝铸在记忆中——壬辰年中秋之夜。

南怀瑾老师的几件小事

方　放
上海公务员

　　南怀瑾老师在其著作《禅海蠡测》中这样描写禅门宗师："必也气吞寰宇，胸罗百代，胡来胡现，汉来汉现，望之俨然，即之也温，如寒潭秋月，无物可方者，庶几近之。"我以为，这段话正可以用来形容怀师本人，不过也只是"庶几近之"，因为对于怀师这样一位大宗师，语言文字实难尽述，最终还是"无物可方"。这里，我只是忠实地记录几件自己经历的，与怀师有关的小事，或许可以映现怀师的几帧侧影。

为初学者示范打坐

　　2009年9月13日，我到太湖大学堂参加怀师主持的七日禅修班。由于没能接到提前上课的临时通知，我来到禅堂时，课已经开始了。当我诚惶诚恐、轻手轻脚地进入座位，却见怀师穿着一身黑色紧身衣，坐在高高的讲台上，正在示范如何打坐。这一幕，真是出我意料。九十二岁高龄的大师，竟然脱下长衫，爬上讲台，

亲自为初学者示范最基本的打坐姿势，同时并讲解各种
坐姿有何不同，七支坐法有哪些要点，其中又有什么细
节和注意事项，怀师一一交代，一一演示。老人家毕竟
已经年过九十了，这些完全可由学生们代劳，而他却坚
持亲力亲为。怀师对待晚生后辈、对待文化接续，就是
这样一丝不苟、尽心尽力。

次年，我在大学堂的"经史合参班"上，观看了当
日怀师示范打坐的视频。视频中，怀师依然那么和蔼幽
默，而我的眼眶却又一次湿润了。

为普通访客披衣

2009 年 12 月 12 日，我们夫妻二人到大学堂看望怀
师，同去的还有我的姑姑。我们和怀师共进晚餐，饭后
听怀师讲《指月录》，课后喝茶聊天。将近十点，大家
起身告辞。没想到的是，怀师竟然从椅背上拿起姑姑的
外衣，亲手帮她披上。姑姑是个普通人，那是她唯一一
次有缘拜见怀师，但就是对待这样匆匆一面的普通访
客，年高德劭的怀师竟是如此的亲切入微。

禅宗古德有云："实际理地，不着一尘。万行门中，
不舍一法。"什么是"不舍一法"？就是"勿以善小而不
为"，就是为人处世不放弃任何一点善行，而怀师不正

是这样身体力行的吗？有人说，怀师平常时时处处都在接引人、教化人。我感到，怀师又以这样一个动作，对我们作了一次深刻的开示。

用大白话写书

2010 年 10 月 23 日晚饭后，怀师继续校订《孟子与公孙丑》书稿。同学读稿子，怀师一边听一边提出修改。原稿中用了一个成语："输家纡难"，怀师要把这个词换掉，他说：这些书都是要留给后世人看的，几十年后的人们文字水平也许会更差些，所以不要用这种生僻的词，要尽量用白话。然后，怀师用一句大白话替换了那个成语。

社会上有人因怀师著述文字的浅白而质疑怀师的学问，殊不知，那正是怀师不顾世俗眼光、只为天下后学的悲智之处啊！

用尽生命也愿意

2011 年 10 月 29 日晚，大家正准备上"唯识学"的课，怀师却说：你们学唯识也有五六个月了吧，学得很辛苦，可是对自己的身心却没起什么作用。大家看看是否还要继续下去？我年纪也大了，也在考虑以后晚上还要不要在饭堂坐这么久，这是在浪费我的时间和精力啊！我还是自己回去准备走路了吧。

一位同学报告说：这段时间的学习对自己很有帮助，但是占用了老师的时间，感到非常不安。怀师打断她说：不是占用，是浪费。我是不怕占用的，只要你们能有收获、能成就，我愿意奉陪啊，就是用尽自己的生命也愿意啊！

此言一出，举座默然，内心无不深受震撼。我注意到，在淡淡的灯影下，那位报告的同学已经泪流满面了。

这时，另一位同学报告说：学习唯识很有收获，应该继续学，或许可以换个方式。怀师随即指出：还是改从第六意识着手，那样可能更有效果。

这就是怀师，穷其一生都是"将此深心奉尘刹"，不惜用尽自己的生命，只为了他人能有收获、能有成就。

追忆往事，恍如昨梦。如今，怀师已经离开了我们，而他的一言一行、一字一句却依然如沧波浩荡的太湖，不断涤荡淘洗着我的心灵。在以后的岁月里，我们要做的，就是努力自己站起来，不辜负怀师的教化。

最后，谨以我在怀师治丧期间作的一首挽诗，为本文作结：

云霁湖明入梦深　　沧波浩荡洗纤尘
众生忧患盈双泪　　百代衰微系一身
忍痛失依人自立　　离形乘化道弥真
熔金霞色长天隐　　万里涵光供月轮

无上因缘不思议

詹文魁
佛教艺术工作者

缘起

2002 年，为完成峨眉山金顶改造工程，建造十方普贤圣像，在蔡辰男先生的推荐下，于上海番禺路住处，初次与老师见面，向老师请教。

记得到达时已是晚饭时间，经谢锦扬先生介绍后，老师亲切慈祥地招呼我在他旁边坐下，亲自帮我布菜。饭后，我说明来意，老师听了很高兴，并嘱咐我千万记得两件事：

一、熟读由老古早期出版的书《一个学佛者的基本信念》，此书之中说明了普贤十大愿行的精神。

二、在峨眉山时，恳请两位大护法帮忙成就，克服障碍完成圣业。

听完教诲，心想这第一项努力阅读即可，第二项则令我丈二金刚摸不着头绪，急忙请教老师那是何方神圣？要上哪儿找？老师耐心地指导我，到峨眉山时向着虚空祈求：我是南老师的学生，特请某大护法成就此一使命。说也奇怪，完成峨眉山大佛的过程确实一波三折，看尽人心之诡诈，但同时也见证了诸多佛菩萨慈悲不可思议的甚深功德力量，护法神的拥护，尖尖难过尖尖过。终于在 2006 年 6 月 18 日举行开光安座大典，盛况空前。我随即前往上海拜见老师，呈上历经四载辛苦完成的作品资料，恳请老师再次指正。"峨眉山终于对历史做一件好事"。

悲智长者

一、大与小

老师的觉察似星辰高挂空中，澄明清澈。

某日请问老师，文魁一心发愿想造大佛可否如愿？师曰："什么是大？什么是小？清楚了再说！"数日之后，老师要文魁上台报告造佛像心得。"举心动念，无不在造相，无不在觉性之中，心有多大，佛有多大，故造佛即造心，大佛即大心，大佛就在自己的心中。"老师闭目静听，未发一语。

二、专一

老师的解惑似明灯导引真切，直指人心。

一日，文魁请问老师：如何善用其心？师云："专一", 再问: 如何成其大愿? 师云: "专一", 又欲问, 师云: "止! 不要再问! 先把专一做好! "

"专一" 是学佛者的基本定功, 看似容易, 实则难入。直至老师临终前, 文魁于书房守候打坐时, 幸蒙老人家加被, 终尝法味。定静之中, 身心轻安, 物我两忘, 一念不生, 觉性朗朗。这是何等的恩泽啊! 老师为文魁开启了方便之门。

三、行禅中的佛

老师的悲愿光照大千, 无远弗届。

印度佛教灭掉八百余年来, 文魁何其荣幸, 受邀参与印度佛教复兴运动的佛造像工程。

佛法源自印度, 然衰于印度兴于中土。一位来自英国具有爵士身份的世友居士, 宁可放弃贵族的生活, 为着实践复兴佛教的理想来到印度, 在贫民窟一待三十余年, 梦想有一日完成安贝卡博士 (佛教复兴运动创始人) 的遗愿, 在复兴地的弘法中心建造一尊 "行禅中的佛"。他来到台湾邀请我共襄此一历史盛事。世友居士述说印度佛教发展的概况, 目前约三四千万人信仰, 但多属于种姓制度下最底层的首陀罗族 (贱民)。听完他的不凡人生经历后, 我深深被他那份无缘大慈、同体大悲的精神所感召, 当下发心一念, 不计任何代价酬劳,感恩佛陀伟大教法，让我学有所用、发挥己长。发愿建造大佛，与众生结此善缘，以利修行善道；今日自当秉持舍我其谁之心，再造大佛；将佛法重新带回印度，点亮因种姓制度下受尽苦难之印度贱民的心灯。

在一次偶然向老师报告的机会中，首愚法师提及文魁建造峨眉山大佛分毫不取，全数发心奉献；今建造印度大佛亦如是，目前因筹募困难工程延宕。老师听了立刻说道："缺多少钱？我们来解决。"我忙答道：不好意思！我不是来募款的。老师坚意要问，我只好勉为其难地说：缺三百万。老师道："我们来想办法，让这份工作得以进行。"遂环视在座同学，最后指名李慈雄同学帮忙成就，李同学爽然答应，并说明日立刻处理。我当下见到老师的威德与慈雄兄的恭敬发心。老师又问："文魁！你说的三百万是美金还是人民币？"此时现场一片默然，当我回说是"台币三百万"时，全场哄堂大笑。

来年，世友居士远自印度来拜见老师，向老师报告大佛的落成及弘法的状况和推展的情形，老师说道："你所做的一切，不是我们所能做到的。"翌日清晨即吩咐宏达兄转达对印度佛教复兴运动的关切及推展之建议：训练中印编译的语文人才，将佛法重新翻译成印度文，以利大众研读礼拜，深入经藏，启迪心灵，让佛法的种子在印度故土继续开花茁壮。

四、魁星

老师的教法如微风不着痕迹，令学子欢喜自在。

有一回，晚上饭后闲谈，说起魁星造像之学，即是人的面相学。几天后，古道师父与慈雄兄不约而同打电话给我，早日返回太湖大学堂，有任务交文魁，言下似乎是洞山祖庭佛像的重建工作。回大学堂，老师一如往昔，要文魁报告近来造佛像的心得，其间问道："释迦佛的笑、阿难尊者的笑、迦叶尊者的笑，三者之间的区别如何？"答曰：释迦佛清净自在圆满的笑，阿难法喜充满的笑，迦叶尊者会心一笑。老师说道：迦叶尊者一生苦行，眉头深锁，当下悟道会心"破"颜微笑，亦即"展"颜微笑；此三种不同会意的笑，希望在日后的洞山祖庭佛像中，尽力将其诠释表达出来。半月后，再次前往大学堂拜见老师，报告洞山祖庭造像的设计方案和图片数据。以相示法，其精神核心，"明心见性，体空无禅"以"取其意，拙其形，虚其相，空其性"，作为禅宗佛像的表现概念，来阐扬甚深不可言说的空灵至圣境界。

结语

　　和老师因建造十方普贤圣像结缘，时虽不长，但每回见着老人家，都为其治学之高深广博所慑服，更在日常的实践中，见识到知行合一的典范。对于文魁在实现理想，为佛教艺术未来的发展给以大力支持；对于济弱之事，给予世友居士实践的信心和执行的方向；对于处理事情的积极态度，展现十足的魄力与智慧。每回接触，皆令我萌生更高的向往及敬佩。在老师身上见到一代国学大师高尚之风骨，听到老师对学生殷切之教诲，感到老师对晚生至深之关爱和期许。回忆过往，点滴心头，无一日或忘，当发心承诺致力实践，为佛教艺术全心奉献，以报师恩。

图书在版编目(CIP)数据

云深不知处:南怀瑾先生辞世周年纪念/刘雨虹
编.—上海:上海书店出版社,2013.9
ISBN 978-7-5458-0805-6

Ⅰ.①云… Ⅱ.①刘… Ⅲ.①南怀瑾(1918～2012)-
纪念文集 Ⅳ.①K825.4-53

中国版本图书馆 CIP 数据核字(2013)第 223763 号

责任编辑　杨柏伟　曹勇庆
封面设计　登琨艳
技术编辑　吴　放
美术编辑　郦书径

云深不知处

——南怀瑾先生辞世周年纪念

刘雨虹 编

上海世纪出版股份有限公司
上海书店出版社出版

(200001　上海福建中路 193 号　www. ewen. co)

上海世纪出版股份有限公司发行中心发行

上海展强印刷有限公司印刷

开本 710×1000　1/16　印张 19　字数 160,000

2013 年 9 月第 1 版　2017 年 8 月第 5 次印刷

印数 20001—22000

ISBN 978-7-5458-0805-6/K·119

定价 40.00 元